地銀・信金のための
M&Aによる顧客開拓

湊 雄二 著

銀行研修社

はしがき

　本書の前身である「Ｍ＆Ａ相談業務入門」が平成3年に刊行されてから、24年、いわば四半世紀が経った。四半世紀前といえば、金融機関の今の若手職員諸氏が生まれた頃であり、当時の若手職員であった諸氏が、今では役職員となって重責を担っている。

　四半世紀前、我々の生活の中には、青色ＬＥＤ、スマホ、インターネットをはじめ燃料電池車も存在しなかった。科学技術や応用化学の発明や開発によって、日常生活は、とくに情報伝達を含むコミュニケーションの面で急速な発展を遂げた。これが、経済のグローバル化を大きく進展させた一つの要因である点に異論はないであろう。

　この間、世界の経済は様変わりし、まったく違った風景が目の前に広がっている。新興国が台頭し、世界のＧＤＰは大きく伸びた。このなかで、わが国の経済は、バブル経済の崩壊を主因として、長期間の停滞を余儀なくされてきた。わが国の金融機関も試練の時を過ごし、四半世紀前とはまったく違った風景の中に立たされている。

　ここに来て、ようやく経済の回復と新たな成長の兆しも見え始めているが、成長戦略は、政府のかけ声だけで推進できるものではない。経済成長は、実体経済の担い手である企業が成長戦略を積極的に推進して、初めて達成が可能となるのは自明の理であろう。

　成長戦略において、金融機関は、各企業がそれぞれの経営目標を達成できるように支援する役割を担っている。経営目標を達成するためには、企業の現状に応じて、経営の活性化や強化を図ることが必要で、金融機関としては、融資による支援はもちろん重要であるが、経営構造の改革や改善を図ることを支援することも同じように重要である。

　現在では、Ｍ＆Ａが、経営の改善や強化の手段であることは、多くの企業に認識されている。言い換えれば、自社の成長戦略を実現するには、既存事業だけを伸ばすだけでは限界があり、事業の再編や新規事業への

進出が不可欠であるとの考えである。このように、成長戦略の実現のために、企業がＭ＆Ａに取り組む場合には、Ｍ＆Ａの無事な成約とＭ＆Ａ後の経営が円滑に推移できるように、積極的に支援することが重要である。

また、逆に、中堅・中小企業との取引基盤が強い地銀・信金の場合、事業の後継者が不在の企業に対しては、社会的な経営資源の損耗を防ぐという意味も併せ、事業を引き受ける先を探して、Ｍ＆Ａで結びつけることも重要である。

Ｍ＆Ａ相談業務を、単に個別の案件を成約させていく業務ではなく、成長戦略において金融機関、とくに地銀・信金が担う大きな役割と捉えて推進することが望まれる。

本書は、四半世紀が経って、経営戦略としてＭ＆Ａが定着したことや、Ｍ＆Ａ業務において企業から地銀・信金への役割について期待が高まっていることから、「地銀・信金のためのＭ＆Ａによる顧客開拓」と改題し、実情に沿うように全面的に改訂、顧客からの要請を受けて、金融機関が現場、本部でＭ＆Ａの案件に対応できるように、下記「本書の構成」で示す実務的な内容とした。

四半世紀後、日本経済と日本の金融機関が、再び高みから世界経済を眺めていることを切に願うばかりである。

平成 26 年 12 月

湊 雄二

本書の構成

はじめに

　本書は、金融機関がM＆A業務を推進する際に、具体的な実務の指針となることを目的としている。そのために、主な内容としては、税務や法規に関する細目については他の専門書に譲り、M＆Aの背景や目的とM＆Aを円滑に進めるための具体的な実務の要点の概説としている。

　そして、難解な用語を使用することや専門家向けの表現は避け、M＆A相談業務を推進していくうえで必要とされる顧客への対応や、必要な手続と手順について具体的かつ平易に記述することに努めた。

　また、本書は新入行員や若手行員のみを対象としているのではなく、「M＆A業務の新人」を対象としている。したがって、若手のみならず、中堅、役職者に止まらず役員に至るまで、各階層の手引きと業務の参考となる内容としている。

　以上の趣旨から本書は次の三部構成としている。「Ⅰ　成長戦略とM＆A」、「Ⅱ　金融機関におけるM＆Aの推進」、「Ⅲ　M＆Aの具体的実務」、の三部である。

本書の構成

M＆Aの背景と目的		（金融機関）M＆A業務の推進
経営環境の変化 グローバル化 産業構造に変化		金融機関の役割 推進体制の構築 M＆Aの業務機会
	M＆Aニーズと 事業承継への対応	
企業の成長戦略 事業の後継者不在		M＆Aの具体的実務
		実務のプロセス 企業・事業の評価 契約書案の作成
M＆Aの目的と体系		

第Ⅰ部

　M＆Aは、大手企業の行う特殊な取引やファンドが資金力を背景として展開するマネー・ゲームとの認識が一般的には強い。第Ⅰ部は、このような思い込みを払拭し、M＆Aは自行と自店の取引先とは無縁の世界ではなく、むしろ各企業の経営に密接に関係している取引であるということへの理解を深めることを目的としている。

　そのためには、まず、企業がM＆Aに取り組む背景には、経営環境の大きな変化があることをよく理解する必要がある。この点は、なにもM＆Aに限ったことではなく、企業の戦略や動向に大きな影響があるので、経済の血液ともいえる資金を扱う金融マンとしては、常日頃から理解に努めておくべき点である。M＆A業務に当たる場合には、M＆Aの売買の動機やM＆Aの目的別について基礎的な概念をよく理解しておく必要がある。

第Ⅱ部

　第Ⅱ部は、金融機関がM＆A業務を推進する場合の役割、体制、業務機会についての概説とした。M＆A業務の推進の目的は、顧客の利益を保護すること、あるいは観客に利益を提供すること、また自行の業務機会を捕捉することであり、そのためには機能を発揮し役割を果たすための体制の構築が求められる。M＆Aに必要な体制は、垂直的な分業体制で情報・サービス機能を統合した体制である。このような体制を構築すれば、自行の既存顧客のM＆Aニーズへの迅速な対応が可能となり、ひいては業務機会の拡大にもつながることになる。

第Ⅲ部

　第Ⅲ部は、金融機関が不得手と感じているM＆Aの進め方、企業の価値評価、契約書の作成についての理解を深めることを目的としている。M＆Aは、一般的にはなじみが薄く、そのために専門性が高く、かつ税務や法務の塊のような業務と誤解されている。

　しかし、実際には、経営的な判断が優先され、進めていく過程は常識的な判断の積み重ねであり、その結果として案件が成約することになる。M＆Aに最も重要なのは売買当事者の意向であり、税務や法務は、あくまでも当事者の利益を保護するための手段であることを理解することが肝要である。

　以上から、各金融機関のM＆A業務推進のガイドとなることを切に願うばかりである。

目　次

はしがき ……………………………………………………………………… 1
本書の構成 …………………………………………………………………… 3

第Ⅰ部　成長戦略とM＆A ……………………………………………… 13
第1章　変貌する日本企業の経営環境 ………………………………… 13
　1　拡大する世界経済とグローバル化の波 ……………………………… 15
　　(1) 世界経済は今世紀に入って大きく成長 ………………………… 15
　　(2) 中国を中心としたBRICsの躍進 ………………………………… 16
　2　日本の産業構造の変化
　　　――農業、建設業、製造業から医療福祉、サービス業へ ……… 16
　3　わが国の対外直接投資の進展――対外直接投資額の推移と動向 …… 17
　4　事業（会社）の後継者が不在の理由 ………………………………… 19
　　(1) 減少する中小企業数 ……………………………………………… 19
　　(2) 後継男子の問題 …………………………………………………… 19
　　(3) 経営能力の問題 …………………………………………………… 20
　　(4) 経営者心理の減退 ………………………………………………… 21

第2章　M＆Aの目的 …………………………………………………… 23
　1　M＆Aと自前での新規投資との違い ………………………………… 25
　　(1) M＆Aの戦略的価値 ……………………………………………… 25
　　(2) 「自前での投資」における負担の大きさ ……………………… 25
　　(3) M＆Aの4大メリット …………………………………………… 26
　2　M＆Aと事業ポートフォリオ ………………………………………… 27
　　(1) 事業ポートフォリオの基本的な考え方 ………………………… 27
　　(2) 事業ポートフォリオのイメージ ………………………………… 28
　　(3) 事業ポートフォリオの構築 ……………………………………… 29
　　(4) 事業ポートフォリオ構築のための基準 ………………………… 31
　3　買収の狙い ……………………………………………………………… 34
　　(1) 買収の目的や狙い ………………………………………………… 34

(2) 買収の類型 ………………………………………………… 36
　4　売却の狙い ……………………………………………………… 38
　　(1) 売却の動機 ………………………………………………… 39
　　(2) 後継者の確保——事業承継が目的 ……………………… 41
　　(3) 事業の再編・再生 ………………………………………… 43
　　(4) 投資の回収 ………………………………………………… 44

第3章　M＆Aの体系 ……………………………………………… 45
　1　日本のM＆Aの変遷 …………………………………………… 47
　2　M＆Aの類型 …………………………………………………… 48
　　(1) 所在国による呼び方の違い ……………………………… 48
　　(2) 成長戦略M＆Aと救済型M＆A ………………………… 49
　3　狭義のM＆A …………………………………………………… 50
　　(1) M＆A全体の体系と狭義のM＆A ……………………… 50
　　(2) 形態の選択と法手続き …………………………………… 51
　　(3) 形態別の狙い ……………………………………………… 53
　　(4) 狭義のM＆A取引の概要 ………………………………… 54
　4　広義のM＆A …………………………………………………… 55
　　(1) 広義のM＆Aとは ………………………………………… 55
　　(2) 提携と狭義のM＆Aとの相違点 ………………………… 57
　　(3) 業務提携の目的や狙いの多様化 ………………………… 58
　5　M＆Aと経営統合の違い——資本提携、事業再編・統合 …… 60
　　(1) 資本提携の方法 …………………………………………… 61
　　(2) 資本参加 …………………………………………………… 61
　　(3) 株式の持合い ……………………………………………… 62
　　(4) 共同出資（合弁） ………………………………………… 62
　　(5) 持株会社 …………………………………………………… 63
　6　業務提携 ………………………………………………………… 64
　　(1) 生産提携、ＯＥＭ生産 …………………………………… 64
　　(2) 販売提携 …………………………………………………… 64
　　(3) 技術提携 …………………………………………………… 65

7 「内－外」M＆Aの現状 ……………………………………… 65
　(1) 業種・対象国が多様化する「内―外」M＆A ……………… 65
　(2) 廉価品製造の海外メーカーを自社の傘下へ──生産拠点確保型… 66
　(3) 現地（海外）マーケット開拓型と資源確保型 ………………… 68
　(4) 「内―外」（海外）M＆Aにおける留意点 …………………… 69

第Ⅱ部　金融機関におけるM＆A業務推進 ……………… 73
第4章　M＆A業務への取組 ……………………………… 73
1 金融機関の本来業務とM＆A業務の違い ………………… 75
　(1) 本来業務（預金、運用、貸金、為替、外国為替業務）との違い… 75
　(2) 内部での垂直統合型と外部との水平分業型の違い ………… 77
2 M＆A業務推進のメリット …………………………………… 77
　(1) ノン・アセット・ビジネスの強化──フィー収入の増強 ………… 78
　(2) 取引先企業の強化・活性化、開拓 ……………………………… 79
　(3) M＆A業務に付随した取引（本来業務）強化・獲得 …………… 79
3 M＆Aのアドバイザーが必要な理由 ………………………… 80
　(1) 売却の相談相手がいない理由や背景 ………………………… 80
　(2) 上場企業と未上場企業の違い ………………………………… 82
　(3) 未上場企業がアドバイザーを必要とする理由 ………………… 83
4 アドバイザーとしての主な役割 ……………………………… 84
　(1) 成約までは「社外特別企画室」………………………………… 85
　(2) 相手との折衝と調整 …………………………………………… 87
　(3) 企業の価値評価
　　　──相続やグループ外取引における企業の価値評価 …………… 88
　(4) 専門家との協働──外部との水平分業型の業務 …………… 88
　(5) 文書の作成と保管 ……………………………………………… 89
5 アドバイザーとして必要な資質と能力 ……………………… 91
　(1) 高いモラル ……………………………………………………… 92
　(2) 幅広く、多岐にわたる知識が必要 ……………………………… 92
　(3) 仕分け、調整能力、スケジュール感 …………………………… 93
6 M＆A業務推進体制の構築 ………………………………… 94

(1) 情報・サービス機能統合型の体制……………………………… 95
　　(2) Ｍ＆Ａ業務推進の体制構築の必要性…………………………… 95
　　(3) 専担部署の組織、体制…………………………………………… 97
　　(4) 営業店の役割……………………………………………………… 98
　7　Ｍ＆Ａアドバイザリー契約書例 ……………………………………… 99
　　(1) Ｍ＆Ａアドバイザリー契約の骨子………………………………100
　　(2) アドバイザリー契約の内容………………………………………103
　　(3) 業務の範囲…………………………………………………………103

第５章　Ｍ＆Ａからの業務機会と後継者不在への対応 ……………105

　1　Ｍ＆Ａの資金調達 ……………………………………………………107
　　(1) Ｍ＆Ａの形態別の決済方法………………………………………107
　　(2) 買収資金の調達方法………………………………………………109
　　(3) 買収資金の調達の組合せ…………………………………………112
　　(4) Ｍ＆Ａの目的別の調達方法………………………………………113
　2　Ｍ＆Ａからの収益と業務機会 ………………………………………114
　　(1) 収益、業務機会……………………………………………………115
　　(2) 株式譲渡Ｍ＆Ａの融資……………………………………………115
　　(3) 事業譲渡代金の融資………………………………………………116
　3　事業承継目的のＭ＆Ａ ………………………………………………118
　　(1) 事業承継目的Ｍ＆Ａへの対応力を高める………………………118
　　(2) 事業承継の類型とその変化………………………………………119
　　(3) 事業承継の類型……………………………………………………120
　　(4) Ｍ＆Ａ決断への障害………………………………………………122
　　(5) 障害となっている理由や背景……………………………………123
　　(6) 事業承継目的のＭ＆Ａのメリット………………………………125
　　(7) 事業承継Ｍ＆Ａの形態……………………………………………126
　4　ＭＢＯ、ＭＥＢＯによる内部での承継 ……………………………127
　　(1) ＭＢＯとは…………………………………………………………127
　　(2) ＥＢＯとは…………………………………………………………128
　　(3) 中小企業におけるＭＢＯ…………………………………………128

（4）中小企業の場合はＭＥＢＯの形態……………………………… 130
　（5）ＭＥＢＯの仕組み……………………………………………… 131
　（6）中小企業のＭＢＯの活用事例………………………………… 132

第6章　顧客のＭ＆Ａニーズへの対応 ………………………………… 137
　1　Ｍ＆Ａでの売り手・買い手の条件 …………………………………… 139
　　（1）Ｍ＆Ａでのよい会社──よい会社と買いたくなる会社の違い… 139
　　（2）買い手の資質とその条件 ………………………………………… 141
　　（3）買い手に求められる条件①──事業意欲が旺盛で目利き能力がある… 142
　　（4）買い手に求められる条件②──高い資金調達力………………… 143
　　（5）買い手に求められる条件③──人材の補強能力がある………… 144
　2　売買ニーズのマッチング ……………………………………………… 144
　　（1）Ｍ＆Ａ案件のルート……………………………………………… 144
　　（2）買収先・売却先を見つけるためのルート①──直接ルート…… 146
　　（3）買収先・売却先を見つけるためのルート②──間接ルート…… 147
　　（4）最適の相手探しに金融機関の顧客基盤を活用…………………… 148
　　（5）Ｍ＆Ａ案件の管理表……………………………………………… 149
　3　買いニーズへの対応──買い手からの相談があったとき ………… 150
　　（1）営業店と本部が一体となって案件を推進………………………… 150
　　（2）営業店としての一次対応──ヒアリングの項目………………… 151
　4　売りニーズへの対応 …………………………………………………… 153
　　（1）売却の意思を固めてもらうためのポイント……………………… 153
　　（2）Ｍ＆Ａアドバイザリー業務の第一歩──事前相談……………… 154
　　（3）事前相談における初期のヒアリング……………………………… 154
　　（4）アドバイザリー契約と秘密保持契約の締結……………………… 156
　5　秘密保持の具対策 ……………………………………………………… 157
　　（1）秘密保持の重要性………………………………………………… 157
　　（2）秘密保持の基本…………………………………………………… 158
　　（3）秘密保持の方策や情報管理の体制………………………………… 159
　6　秘密保持契約について ………………………………………………… 161

第Ⅲ部　M＆Aの具体的実務 …………………………………… 163
第7章　M＆Aの実務プロセス ……………………………… 163
1　売り手の株主構成をよく見る──未上場企業M＆A実行への第一歩… 165
(1) 株主構成を見ることの意味……………………………………… 165
(2) 株主数が少ないほどスムーズに進む…………………………… 166
(3) 注意すべき法人株主の有無……………………………………… 167
(4) 無視できない「感情」の問題…………………………………… 168
2　売り手への対応とアドバイス ……………………………… 170
(1) 買い手が現れる前に必要な売り手へのアドバイス・指導…… 170
(2) 買い手を探す前の心構え………………………………………… 170
(3) M＆Aにおいて「会社を見られ、評価される」ということ…… 171
3　売り手が売却前に自社について見ておくべきこと ………… 172
(1) 自社の強み、弱みを把握しておく……………………………… 172
(2) 関係者への影響、そしてその反応・態度を見る……………… 174
(3) 株主対策の重要性………………………………………………… 175
(4) 株主数を減らす方法……………………………………………… 176
4　会社の内容が理解しやすいようにする …………………… 177
(1) 企業の無形の評価を上げる……………………………………… 177
(2) 会社内容の開示・説明のポイント……………………………… 179
5　M＆A進行中の留意点 ……………………………………… 181
(1) 重要書類の取扱いと確認………………………………………… 181
(2) 最重要の秘密保持（売り手）…………………………………… 182
(3) 文書による記録の重要性（売り手）…………………………… 183
6　買い手へのアドバイス ……………………………………… 185
(1) 買い手にはどのようなアドバイス、指導が必要か…………… 185
(2) 推進態勢を整える………………………………………………… 186
(3) 最重要の秘密保持（買い手）…………………………………… 187
(4) 文書による記録の重要性（買い手）…………………………… 188
7　未上場企業M＆Aのプロセス ……………………………… 189
(1) プロセスの全体像………………………………………………… 189
(2) 各段階の留意点①──事前検討段階…………………………… 191

| 【売り手】……………………………………………………………………… 191
| 【買い手】……………………………………………………………………… 196
| （3）各段階の留意点②――相手先の探索・調査段階………………… 198
| （4）各段階の留意点③――基本合意段階………………………………… 199
| （5）各段階の留意点④――本契約段階…………………………………… 200

第8章　企業評価と価格の算定 ……………………………………… 205
 1　M＆Aの成約に向けた調査・分析、評価 ………………………… 207
  （1）買収前調査の概要……………………………………………………… 207
  （2）買収前調査の3つの目的…………………………………………… 210
 2　企業と事業の書面での内容調査 ………………………………………… 211
  （1）書面、資料の開示……………………………………………………… 211
  （2）書面での調査の目的と留意点……………………………………… 212
  （3）基本情報と財務諸表の検証………………………………………… 213
  （4）事業の現況の調査……………………………………………………… 216
  （5）会社価値の概算………………………………………………………… 219
  （6）基本合意書（または覚書）の締結………………………………… 222
 3　買収調査――デュー・ディリジェンス ……………………………… 223
  （1）買収調査の目的………………………………………………………… 223
  （2）実地検証、実査の主要な項目、担当、日数……………………… 224
 4　買収価額の確定 ……………………………………………………………… 225
  （1）売買価額の最終決定…………………………………………………… 225
  （2）買収希望価額の算定例………………………………………………… 226
 5　営業権の算定法――売買価格を決める重要な要素 ………………… 228
  （1）営業権算定の基本は収益力………………………………………… 228
  （2）営業権の算定の要素…………………………………………………… 229
  （3）営業権の2つの算定方式…………………………………………… 231
 6　事業譲渡の活用――事業譲渡を活用して事業を承継する ………… 234
  （1）事業譲渡の事業承継M＆Aへの活用……………………………… 234
  （2）事業譲渡とは…………………………………………………………… 235
  （3）事業譲渡と株式譲渡との違い……………………………………… 236

(4) 事業譲渡の活用法……………………………………………… 237
　(5) 事業譲渡の活用による事業承継——選択的な事業承継が可能となる… 240
　(6) 事業譲渡の対価の決め方——事業譲渡手続きの実務と譲渡代金… 243

第9章　顧客との契約と契約書類の作成
　　　　　—ドラフティングのポイント ………………………… 247
1　M＆A契約の内容 ………………………………………………… 249
2　契約書類ドラフティングの留意点 …………………………… 250
　(1) ドラフティングにあたって………………………………… 250
　(2) M＆A契約は「折衝の結果」……………………………… 251
　(3) 「M＆Aは経済的な商行為」……………………………… 252
　(4) 「ゴールとスタート」の違い ……………………………… 252
3　株式譲渡契約書の記載内容 …………………………………… 253
　(1) 基本的な手順 ……………………………………………… 253
　(2) 契約書の主な記載事項……………………………………… 254
4　M＆A契約の雛形 ……………………………………………… 255
　(1) 株式譲渡契約書（資料9−1）…………………………… 255
　(2) 事業譲渡契約書（図表9−2）…………………………… 257
　(3) 合併契約書雛形（図表9−3）…………………………… 259
5　基本合意書（または覚書）の実例 …………………………… 262
　(1) 基本合意書（または覚書）の狙い等……………………… 262
　(2) 基本合意書（または覚書）の記載内容…………………… 263
6　本契約書の実例 ………………………………………………… 266
　(1) 株式譲渡契約書（実例）（資料9−6）………………… 266
　(2) 事業譲渡契約書（実例）（資料9−7）………………… 267

第Ⅰ部 成長戦略とM&A

第1章

変貌する日本企業の経営環境

本章の内容

世界経済の拡大と激流化

　世界経済は、2000年からの12年間で、ＧＤＰは約2.26倍、貿易量は輸出が約2.7倍、輸入が約2.6倍にまで拡大し、グローバル化も急速に進展した。一方では、G7の先進国と中国に代表される新興国との間の成長率格差の大きくなり、今や新興国は大きなマーケットに成長し、先進国の間では、この成長マーケットの争奪戦も激しくなっている。

日本の産業構造の変化

　膨張する世界経済とは別に、日本の産業構造は1990年からの20年間で大きく変化した。製造業の就業者数は、90年の14.6百万人から10年には9.6百万人にまで減少、一方、医療・福祉の従事者の比率は95年の5.3％から10年には10.6％とほぼ倍増となって、産業構造の製造からサービスへの転換が鮮明となっている。

日本の対外直接投資の進展

　日本の対外直接投資は、主として円高を背景に、ここ30年来継続して伸びてきた。12年には00年対比で、アジアへの投資が飛躍的に増加したために、全体で約4倍近くに達した。対外直接投資の残高も同比較で、約3.7倍となっており、企業のグローバル化戦略として、もはや日常的な戦略として定着している。

事業の後継者不在と中小企業数の減少

　日本の中小企業数は、86年の543万社をピークとして、10年には420万社程度にまで減少した。01年から10年までに、年平均で二十数万社が廃業しているが、そのうちの25％にあたる6～7万社が、後継者不在が廃業の理由となっている。

　後継者不在の理由としては、事業を承継する男子が減ってきたこと、中小企業の経営により高い能力が求められるようになったこと、職業としての中小企業の経営者の魅力が低下したこと、等考えられる。

1 拡大する世界経済とグローバル化の波

（1）世界経済は今世紀に入って大きく成長

　1989年の東西冷戦の終結により、旧東欧圏の経済体制が自由化され、市場主義をベースとした経済領域が、まずヨーロッパで拡大し始めた。これに少し遅れ、今世紀に入ってから、BRICs（ブラジル、ロシア、インド、中国）に代表される新興国の経済も目覚ましい発展を遂げ、世界経済は全体として飛躍的な拡大を遂げている。

　世界のGDPは、2000年の32.2兆ドルから2012年には72.7兆ドルへと、12年間で約2.26倍と大きく延びている。東西冷戦の崩壊前で統計データが未整備な点はあるが、85年の世界のGDPは約27兆ドルとされており、85年から2000年までの15年間では、世界経済は約1.2倍に成長したことになる。また、2000年から12年の12年間で、その直前の85年から2000年に至る15年間の成長率を遥かに凌いで、2.26倍という大きな成長を遂げたことになる。

　同時期に、日本経済は、90年代前半のバブル崩壊があり、金融機関の不良債権処理がそれに続き、そして08年のリーマンショックと、成長にとっての大きなマイナス要因が発生し、長期間の停滞を余儀なくされてきた。とくに、2000年代に入ってからは、デフレが進行し、需要が減少した結果、GDPは減少の一途をたどってきた。しかしながら、13年にはGDPも前年比で増加し、ようやく回復と新たな成長軌道への兆しが見え始めている。

(2) 中国を中心としたBRICsの躍進

　2000年から12年までに、世界の貿易は、輸出が6.4兆ドルから17.3兆ドルへと約2.7倍、輸入は6.6兆ドルから17.2兆ドルへと2.6倍と、貿易量も金額ベースで飛躍的な伸びを遂げている。この世界の貿易の伸び率は、GDPの伸び率よりも高くなっているが、これは世界を巡るモノの動きが活発化したことを示しており、世界経済のグローバル化が大きく進展している証左にほかならない。経済のグローバル化の進展に伴い、ヒト、モノ、カネ、情報が自由に国境を越えて行き来するボーダレス化も急速に進んでいる。GDPの伸び率や貿易の伸び率を見るかぎり、世界経済は、今世紀に入ってから有史以来の発展を遂げている、といっても過言ではないであろう。

　こうしたなかで、中国は、世界の工場から出発して世界経済を牽引する力を付けてきた。09年に国内自動車販売台数がリーマンショック後の米国を抜いて世界No.1となり、翌10年には日本を抜いてGDP世界No.2となった。今世紀に入っての世界経済は、中国を代表とする新興国経済の著しい台頭と、先進国経済の成熟化による成長の鈍化や停滞という、明暗をくっきりと分ける結果を残している。

　今後も世界経済は高い成長とグローバル化が予想されるが、日本経済もそれに歩調を合わすことができる成長戦略が望まれる。

2 日本の産業構造の変化
農業、建設業、製造業から医療福祉、サービス業へ

　このような、新興国とG7中心とする先進国の間の成長率の格差は、先進国から新興国への所得移転が進んだことを意味し、その結果として成長率の高い新興国の消費需要が高まることにつながることになった。

つまり、先進国にとって、中国をはじめとする、新興国は、もはや安価な労働力を活かした製造拠点ではなく、将来有望な消費マーケットへと変わることになった。

したがって、先進国や新興国を問わず、今後の経済成長のためには、世界的なレベルで、生産拠点を確保することやその元になる資源の確保は当然のことになっている。それに加え、製品、商品を販売するマーケットを確保していくことが、成長への大きな鍵となっている。このような趨勢は、当面は続くものと予想され、各国、また各企業間での争奪戦ともいえる競争が、ますます激化することになるであろう。

経済が停滞するなかでも、わが国の産業構造は絶え間なく変化してきた。つまり、農業、建設業、製造業の減少が顕著で、代わって、医療福祉、サービス業が相当の伸びを示している。とくに、製造業は、90年に1,460万人であったのが、2010年に960万人にまで減少し、51年ぶりに1,000万人を割り込んだ。

これは、輸入の増加により特定の産業が衰退したことや、円高を主な要因とする製造業全般の海外シフトが続いている結果である。製造業では、当面は東南アジアへの投資は継続するものと予想され、今後とも国内での減少傾向が続くものと思われる。

3 わが国の対外直接投資の進展
対外直接投資額の推移と動向

対外直接投資の概念は、図表1-1のとおりで、日本企業が、外国の企業に出資あるいは買収するとかで株式を取得する場合や、海外に会社を設立、支店を開設、あるいは工場を建設するといったことによって拠点を設けるために、海外に資金を投下することを意味する。

日本企業の狙いや目的については第3章で詳述するが、直接的な利益

としては、投下した資金に対する配当や利息が受け取れること、また、製造のノウハウを提供することによるロイヤリティが受け取れることが挙げられる。また、貿易として、出資した海外拠点に部品を輸出すること、また、製造した製品を日本に輸入するとか、第三国に輸出することで、貿易からの利益も期待できる。

投資の動向を地域別に見れば、00年に全体の6.7%だったのが12年に27.4%に伸びたアジア向けが大きくなってきている。12年度の投資額は、通信、医薬品関係で、米国、欧州への大型M＆Aがあったために、両地域向けの投資額が大きくなっているが、それらの要因を除けば、やはりアジア向けが投資の中心となっている。

また、投資の残高では、12年度にアジアは2,890億ドルと米国の2,865億ドルを抜いてトップになり、また、2000年対比の伸び率も157%と、米国の58%、欧州の119%を大きく凌駕している。最近の自動車、家電、日用品、飲料品業界等の投資の動きも、アジアへの傾斜を加速させており、当面の主たる投資地域は、アジアになることは間違いないであろう。

図表1−1 対外直接投資の概念

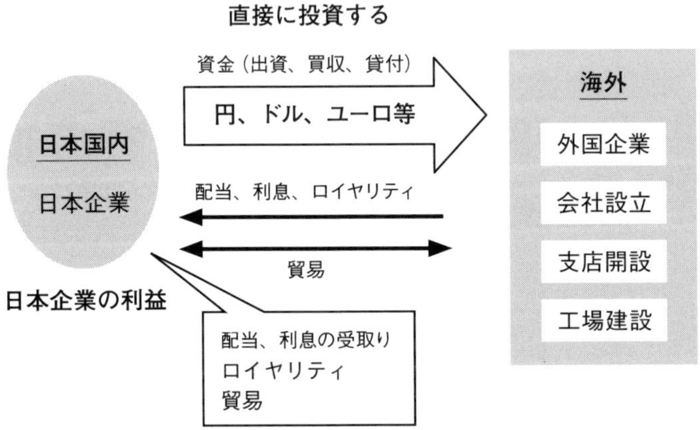

4 事業（会社）の後継者が不在の理由

（1）減少する中小企業数

　総務省の2010年の「事業所・企業統計調査」によれば、第1次産業を除いた企業数は1986年の543万社がピークで、06年には424万社へと20年間で約120万社の減少となった。企業のうち98％は中小企業であり、この減少数は中小企業数の減少数と同義となっている。

　また、計上の対象として1次産業も含むようになった同省の経済センサスによれば、09年に約448万社であった企業数が、12年までの3年間で約410万社に減少、率にして8.6％減少、年平均では実に約13万社が減少した。この3年間には、08年9月のリーマンショックによる急激な景気後退、歴史的円高による大手企業の海外シフトの加速化と、中小企業の経営環境を悪化させる想定外の大きな打撃があったが、この2つの特殊要因を差し引いても、中小企業の減少数は深刻であると言わざるをえない。

　企業数の減少は、当然ながら、廃業数が新規開業数を上回った結果である。1986年以降12年に至るまで間、統計データごとや年度ごとでのバラツキはあるものの、廃業数はおおむね27万社から30万社程度で推移、そのうちの約30％程度の7〜8万社が、後継者不在が主な理由で廃業となっている。

（2）後継男子の問題

　中小企業の場合、事業は会社組織になってはいても、ほとんどがオーナー家の家業となっている。わが国は、家業は子供、なかでも男子が継

図表1-2 後継男子の問題

子息の有無	状況	後継の意志・能力
子息がいる	他に就職	後継の意志がない
	社内にいる	後継の意志がない
	社内にいる	経営能力がない
子息がいない	子供がいない	—
	娘がいる	娘婿に意志がない

ぐものとされてきた。中小企業の後継者が不在というのは、オーナー経営者に家業を継ぐ男子がいない、と言い換えても過言ではない。図1-2は、後継男子がいないパターンを表している。

　子息がいない場合で、娘婿がいても別の会社に勤めているとか、別の職業に就いているとか、男性の後継者が事実上いないこともある。たとえ子息がいても、医師や弁護士のような専門的な仕事に就いていたり、大手企業の管理職になっていたりとか、すでに他の職で責任のある地位に就いていて、家業にあまり魅力を感じないために、後継者がいない場合がある。また、最近増えているケースとして、社内に子息はいるが、家業を継ぐ気がない場合がある。もっと厄介なのは、社内に子息はいるが、親であるオーナーから見て経営の才覚が認められない場合である。

　このように、実子の後継者がいないとか、不適格という事態を回避するために、親族、例えば従兄弟や甥などを後継者とする場合や、娘の子供と養子縁組をして後継者とする場合も稀にはある。

(3) 経営能力の問題

　右肩上がりの高度経済成長の時代には、ある程度の常識や見識を備えていれば、中小企業の経営者になるのに特段の問題はなかった。いわゆる、社長は付き合い業であり、オーナー家の子息で、人当たりがよければ、ほとんどの場合は務まることが多かったのではないだろうか。

　しかし、前述のような経済のグローバル化により、中小企業といえど

も、事業を維持継続していくために、直接的、間接的に、海外との接点が飛躍的に増えた。それに加え、バブル経済の崩壊後は低成長時代に入ったために、普通に経営していては業績を伸ばすのが難しい環境が続いている。これらの外部環境の大きな変化により、中小企業の経営の舵取りがいっそう難しくなってきたために、経営者には、より高い経営能力が求められるようになっている。要は、経営者がボヤボヤとしていると、会社は破綻してしまう時代になってしまった、ということである。

（4）経営者心理の減退

　非上場のオーナー企業の場合は、前述のとおり、今でも家業として子息ないしは親族の男子が継ぐのが一般的となっている。これは、借入金がある場合に、金融機関から借入債務の保証や個人資産の担保差入れを求められるため、こうした負担を子供や親族以外の他人に求めるのが極めて難しいことも大きな原因となっている。
　また、経営環境が厳しくなったことにより、経営の先行きについてのリスクが大きくなっている一方で、経営者がそれに見合うだけの処遇や収入が得にくくなっているのも確かである。
　要は、中小企業の経営者という職業が、従来と比べものにならないほど、ハイ・リスクでロー・リターンの職業になってしまったといっても過言ではない。言い換えれば、地位としての中小企業の経営者の魅力が薄れたといえる。その結果として、子供たちが継ぎたくない、また、子供たちには継がせたくない、との思いが、後継者不在のままで廃業する企業を増加させていることになる。

第Ⅰ部　成長戦略とM&A

第2章 M&Aの目的

本章の内容

M&Aと事業ポートフォリオ

　M&Aは企業の成長戦略の一環として実行される。新規の自前投資と比べた場合の、M&Aの3大メリットは、時間を買う、人材の確保、シナジー効果とされてきたが、事業インフラの獲得も4番目の大きなメリットである。

　成長戦略を立てるには、自社の事業ポートフォリオの構築が不可欠である。つまり、縮小、撤退する分野とこれから伸ばす分野を明確にしないと、効果的なM&A戦略の展開は難しい。そのためには、各種の経営指標と将来の市場動向の予測によって、自社の子会社を含めた事業分野の分析と評価することが不可欠である。

買収の目的や狙い

　買い手の目的は、自社の事業領域の拡大にあり、既存事業の量的な拡充を図るか、新規事業への進出のような質的な転換を目的としている。買収の類型には、同業他社対象の水平型、仕入先や販売先が対象の垂直型、関連業種対象の周辺型、新規事業対象の布石型の4つがある。

売却の動機

　会社や事業を売却する主な理由や背景には、後継者がいないことによる外部への事業の承継、大手企業に見られる事業の再編、事業の再生、投資ファンド等の投資資金の回収が挙げられる。

　未上場企業を買収する目的は、投資ファンド以外はすべて事業を引き継いで活用する目的となっている。したがって、売り手がM&Aを活用するメリットには、事業の後継者を広く外部から探せるため会社や事業の存続に有効であること、株主が未上場株を時価で売却できるため経済的な効果が大きいこと等がある。

1 M&Aと自前での新規投資との違い

(1) M&Aの戦略的価値

　前述のように、M&Aは成長戦略に基づく経営目標を実現する手段の一つである。成長戦略は、まず同業他社に対して競争優位を確保すること、そして事業の持続性を確保して、自社をさらに発展させることを目的としている。

　この目的を達成するために、M&Aが唯一絶対的な手段というわけではない。成長戦略を実現するには、むしろ、企業は自前で投資をする方法を選ぶ方が一般的となっている。しかしながら、M&Aを「自前での投資」とで比べた場合の戦略的な価値は、時間と人材を買う大きなメリットと、M&A後にシナジー効果が期待できる点にある。

(2)「自前での投資」における負担の大きさ

　図表2-1は、自社製品に対する将来の需要増に対応するために、成長戦略として、生産能力の向上を図る場合をイメージしている。図表の上の部分が、自前で地方に工場を建設した場合をモデルにしている。

　製造品目にもよるが、例えば、従業員100人規模以上の工場を建てるのであれば、用地の手当てから、工場建屋の建設、設備の設置、従業員の募集から研修まで、1年半以上の時間を要するのが通常である。

　また、メーカーの場合、部品や原材料の調達、製品の出荷までの物流を確保し、いわゆるサプライチェーンを構築することも必要で、創業を開始するまでには相当の日数と作業量を要することになる。サプライチェーンは、製造設備や店舗のように、直接的に生産・販売に関わるも

のではないが、事業の展開を支えていくうえで不可欠な要素で、いわば事業の周辺インフラと呼ぶべきものである。

(3) M&Aの４大メリット

①「時間を買う」「人材を確保できる」「シナジー効果が期待できる」

　図表２－２はM&Aの４大メリットを表している。一般的に、M&Aのメリットは３大メリットされていて、時間を買うこと、人材を確保できること、シナジー効果が期待できることになっている。

　時間を買う効果としては、図表２－１の新規投資のモデルと同規模の

図表２-１ 新規投資の行程と M&A のイメージ

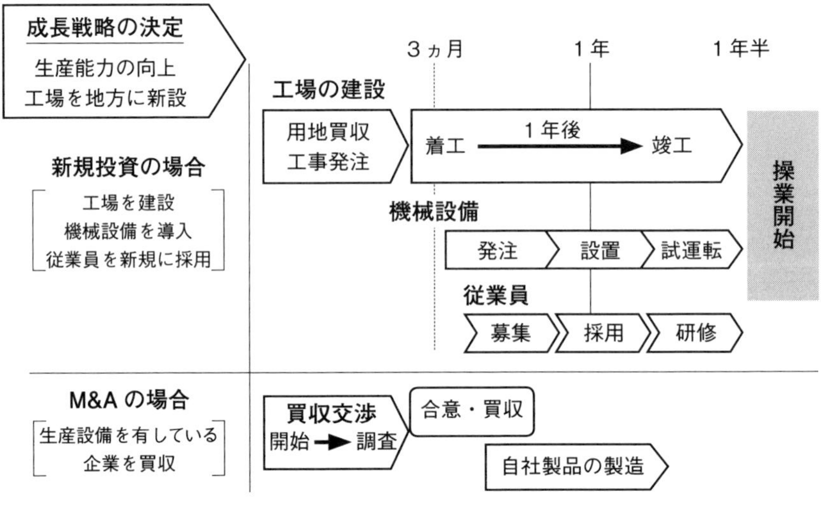

図表２-２ M&A の４大メリット

工場を持つ同業他社を買収すれば、大幅な時間短縮が可能となり、一足早く生産能力を向上させることが可能となるということになる。

　また、シナジー効果は個々の企業や業種で異なるが、自社にはない製造品目やノウハウを持つ企業を買収すれば、製造品目の幅を広げるとか、買収先のノウハウによって新製品の開発力を向上させることも可能で、商品開発やマーケットの開拓に要する時間を短縮できることになる。

　そして、目の前や近い将来の需要増に対応する必要がある場合には、M＆Aによって生産や販売の基盤を確保すれば、時間を買うことと同時に、時間の経過によるビジネスチャンスを逃す危険性を回避することができ、事業リスクを軽減するとか低減することも可能となる。

② 事業インフラの獲得

　そして、M＆Aの場合は、この３大メリットに加えて、事業を推進展開していくうえで不可欠の要素である、前述の周辺の事業インフラも同時に獲得することも可能となる。このような、事業のインフラは、生産設備や店舗のように目には見えにくいが、事業の展開には絶対必要なインフラであり、確保するのには手続き面での手間や時間とコストが必要となっている。前述のM＆Aの３大メリットは、最近では広く認識されているが、この事業インフラの獲得もM＆Aの大きなメリットと捉えるべきである。

2　M＆Aと事業ポートフォリオ

（1）事業ポートフォリオの基本的な考え方

① 事業ポートフォリオとM＆Aの実行は相互に原因・結果の関係

　最適な事業ポートフォリオの構築は、経営学上の非常に大きなテーマ

となっている。そして、企業の経営戦略や成長戦略を論じる際には、必ずといってよいほど、事業ポートフォリオの構築も一体として論じられている。

M＆Aは企業の成長戦略実現のための重要な手段であり、買い手企業は自社の最適な事業ポートフォリオを実現するためにM＆Aを実行する。また、M＆Aを実行することで、買い手企業はポートフォリオを再構築することが必要になる。企業の経済活動から見れば、いわば事業ポートフォリオの最適化とM＆Aの実行は、相互に原因であり結果の関係になっているといえよう。

② **事業ポートフォリオの基本**

(イ) **過度の集中を避け、高収益分野の比重を高める**

事業ポートフォリオの構築は、特定の事業分野、業種への経営資源の過度の集中を避けることと、高い収益が見込まれる分野の比重を高めること、の2点が基本となっている。

(ロ) **マーケットの変化に対応した対策や施策を採る**

事業ポートフォリオも、資産や通貨のポートフォリオ同様に、将来予想されるマーケットの変化に対応する対策や施策を採ることが基本となっている。つまり、発展すると予想される商品や事業分野を伸ばし、衰退して行くと予想される商品や事業分野を縮小していくことが基本となる。

(2) 事業ポートフォリオのイメージ

① 事業の組み替えや入れ替え

事業ポートフォリオの基本的なイメージは図表2−3のようになる。程度の差はあるが、どのような企業も、資金や人材といった経営資源は無限には持っておらず、大なり小なり制限や限界がある。このような資金や人材といった経営資源に制約がある場合に、事業の組み替えや入れ

替えを図ることで、これから伸びると見込まれる事業分野に注力するということが、事業のポートフォリオの構築と実行となる。

図表2-3では、既存の事業をAとBの2つ、新規事業をCの1つとしているが、5事業、6事業になっても原理は同じになる。

② 綿密かつ高度な経営判断が求められる

そして経営環境の見通しは、業種や企業の規模により一定ではないので、自社に見合った見通しを持つことが重要となる。そのうえで、具体的な成長の戦略を描いて、自社の将来を見据えて事業の入れ替えや、特定の分野の拡充を図っていくことが重要な経営戦略となる。

本業はもちろん大事だが、本業にこだわりすぎるあまりに、新規事業への進出に躊躇していると、新規事業の芽を摘んでしまうことになりかねず、最悪のケースとして企業の存続自体が危うくなることもある。M＆Aの実行に至るまでの事業の選択と集中については、真に、綿密かつ高度な経営判断が求められるところである。

(3) 事業ポートフォリオの構築

① どの事業を、いつまでに、どの程度成長させるのか

企業が、成長戦略を実践していく際には、どの事業を、いつまでに、

図表2-3 事業のポートフォリオのイメージ

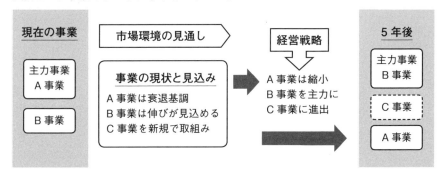

どの程度まで成長させるのか、という具体的な経営計画の策定が必要となる。言い換えれば、戦略を実現するために、M＆Aを含めた戦術を練っていくことになる。その前提として、事業のポートフォリオを構築することが必要となるのは前述のとおりである。

中規模以上の企業には、複数の事業分野や事業部門があるのが通常である。企業全体つまり事業部門すべてを一律に成長させるのは至難の技で、企業として成長戦略を実現するのには、どの分野、部門を成長させるのが成長への近道かを考えることが必要になる。

また、単一の事業しかない場合でも、果たしてその事業が持続可能かどうか、持続するのが難しい場合は、新規の事業に進出することが不可避となってくる。この場合、どういう分野に進出するのが既存事業の衰退をカバーし、自社が生き残っていけるかを検討することが重要になる。

② M＆Aによる成長戦略を実践するには事業ポートフォリオの構築が必須

M＆Aで成長戦略を実践していくには、事業ポートフォリオの構築が必須である。M＆Aは、特定の事業分野で個別の企業を買収するので、M＆Aを実行する前に、どの事業分野で、どういった企業を買収するかを、まず決めておく必要がある。救済的なM＆Aの場合には、出会い頭のように経営破綻企業の買収話が持ち込まれることもあるが、M＆Aは、成長戦略や経営戦略を策定し、それに沿って実行するのが普通である。

③ 買収対象となる企業価値の分析・評価

実際の買収にあたっては、案件が持ち込まれたものであろうが、こちらから仕掛けたものであろうが、買収の対象となっている企業の事業や価値について分析、評価することが必要である。そのためには、自社なりに、次のような基準を持っておくことと、自社の事業の評価をしておくことが、大前提となる。言い換えれば、自社の事業についての評価基準も不明瞭で、事業部門の評価も曖昧な状態では、他社を評価すること自体が不可能だからである。

④ M＆Aの破談の大きな原因は企業価値評価の曖昧さ

　M＆Aは破談になるケースも多々あるが、その大きな原因の一つは、買収側の準備不足や企業や事業の評価について明確な基準がないことが考えられる。大手企業の合併話や統合の話がご破算になることもよくある。こういった場合、もちろん、双方が利害得失を熟慮したうえでの結論であろうが、M＆Aに対する経験不足からくる、社内での準備不足や目的意識の希薄さも十分に考えられる。

　また、経験不足のために、専門家に頼りすぎて、自社の考えがまとまらずに、結局は話が流れることもあるようだ。最近は、株主重視で、経営陣の対外的な説明責任が重くなり、M＆Aの場合に、複数の専門機関から事業評価書や合併比率の算定書を取るのが当たり前のようになっている。ただ、これらの評価書や意見書を踏まえたうえで、最終決定は買収会社自身が決定するという姿勢が重要である。

（4）事業ポートフォリオ構築のための基準

　事業ポートフォリオを構築するための、一般的、普遍的な一律・一定の決まりはない。図表2-3のイメージのように、自社の現状をよく見ること、外部環境をよく見ること、そしてこの両方を合わせ考えたうえで、自社の進むべき事業分野を、国内外を含めて決めていくことになる。事業ポートフォリオを構築する際には、基本的には次の点について、自社なりの基準を決めていく必要がある。

① 経済・経営環境

　日本経済は外的・内的な要因から大きく変貌してきた。経営は経済学を追究することではないが、事業ポートフォリオを構築する前提として、マクロの経済の見通しや業界の環境をある程度見ておくことが必要で、経営の大きな方向付けをするうえでは重要となる。そして、それらの見通しや諸条件を前提として、自社の事業の先行きを決めていくこと

になる。

② 事業部門を評価するための指標

事業のポートフォリオを構築していくためには、遠い近いは別にして事業の将来性を予測することが基本となる。このためには、通常の経営分析と同様に、事業部門や子会社の収益力を分析することと、事業価値や会社価値を算定することが必要である。これらの、事業の収益力や企業（＝会社）価値を評価する指標としては下記のとおりである。

③ 売上高に対する利益率

主な指標としては、図表2-4のとおり、総利益率、営業利益率、経常利益率が挙げられる。売上総利益は、粗利益ともいわれ、売上から原価を差し引いた利益になる。つまり、製品、商品、サービス等の付加価

図表2-4 企業・事業評価の指標

1 収益性の指標
　○ 売上高に対する各利益率

総利益率	総利益÷売上高 売上高に対する総利益の率
営業利益率	営業利益÷売上高 売上高に対する営業利益の率
経常利益率	経常利益÷売上高 売上高に対する経常利益の率

　○ 業績評価の指標

ROE	当期純利益÷自己資本 自己資本に対する当期の純利益率

ROA	当期純利益÷総資産 総資産に対する当期の利益率

2 期待収益の総和

DCF　将来のキャッシュフローから求める算定方式

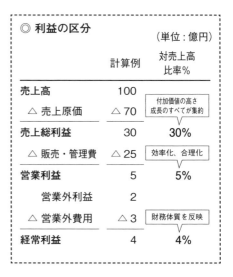

◎ 利益の区分　　　　（単位：億円）

	計算例	対売上高比率%
売上高	100	
△ 売上原価	△70	付加価値の高さ 成長のすべてが集約
売上総利益	30	30%
△ 販売・管理費	△25	効率化、合理化
営業利益	5	5%
営業外利益	2	
△ 営業外費用	△3	財務体質を反映
経常利益	4	4%

値が高ければ、同じ売上高でも利益額そして利益率は高くなる。企業の成長がすべて集約された利益ともいえる。

　営業利益率は総利益から販売や管理に係る経費を差し引いたもので、間接部門の効率化や合理化を進めれば、営業利益の額と率は大きく、また高くなる。経常利益は、営業利益に営業外収益と営業以外費用の差額を加減するが、通常の場合、営業外損益の主な項目は利息なので、損益の額は良好な財務体質を反映するものになる。

④ ROEとROA

　株主重視の経営が当たり前のようになってきたために、企業の考え方も、企業価値の向上の目安として、単純な規模の拡大よりもむしろ、一定の利益をベースとした経営指標の改善を重視する方向へと変わった。

　なかでもROEは、経営指標として最重要視されるようになっている。これは、投資家＝株主から見れば当然のことで、ROEは株主に帰属する資本金や剰余金を、投資先の経営者が、一定期間でいかに効率的に運用したかを判断する尺度や目安となっている。また、ROAは、経営者が、企業の資産をいかに効率的に運用したかを図る指標となっている。

　ROE、ROAは、利益をベースにして、一定期間内での企業価値の増減を図る尺度になるが、見方を変えれば、有限のヒト、モノ、カネといった経営資源を社会的にむだづかいしていないかの目安にもなっている。つまり、特段の理由もなく、これらの指標が長期間あまりにも低い場合には、既存の事業を手じまいし、もっと効率のよい分野や部門に経営資源を移した方が、企業のみならず社会全体としての経営資源の有効活用につながることになる。

　以上の収益をベースとした指標は、第一義的には経営改善や企業価値の向上を目的として活用されている。M&Aを活用した成長戦略は、事業部門の拡大、逆に縮小、撤退の事業の再編を伴う。成長の方向を決める際には、必ず既存事業の評価が必要で、そのための有効な判断材料を得るためにも、これらの指標は活用されている。

3 買収の狙い

　M＆Aを戦略的に活用するには、前節のとおり、自社の事業ポートフォリオを構築することが必要である。つまり、漫然と経営を続けるのではなく、これから伸ばす分野、現状を維持する分野、縮小ないしは撤退する分野を、明確にする必要がある。いわば、これから自社が歩んでいく道筋の、地図であり、ナビゲーションとしての経営の指針を明確に示すことになる。事業ポートフォリオを構築すれば、量的な拡大を図る事業分野、質的な転換を図る事業分野、また新規に進出していく事業分野を決定し、自前投資やM＆Aを活用した成長戦略を実践することになる。

　具体的には、既存事業のさらなる拡大、周辺事業の拡充、川上の分野へ遡及する、川下の分野へ進出する、また新規事業へ進出するとか、経営目標の達成には、成長戦略を積極的に展開していくことなる。

（1）買収の目的や狙い

　買収の目的や狙いは図表2-5のとおり類型化できる。縦軸は、上に行くほど量的な拡大を目指し、下に行くほど質的な転換を目指す。横軸は、自社との関係や本業との距離感を表しており、右へ行くほど遠い関係になる。

① 量的な拡大
　主として同業他社の事業を買収することで、既存事業の量的な拡大を目的として、売上高や生産高を拡大、増加させることを狙う。事業の量的な拡大を図るのには、主に2つの目的がある。

図表2-5 買収の目的

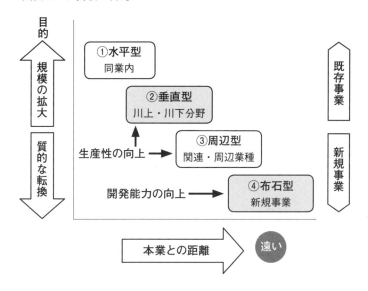

　一つ目は、規模のメリットを追求することで、仕入原価や製造コスト、物流コストや販売管理費といった各種のコストの低減を狙いとする場合である。もう一つは、売上高、生産高の拡大の結果として、業界内での自社のマーケットシェアを上げて、事業基盤を強化することと、製品や提供するサービスの価格支配力を強化する狙いがある。

② **質的な転換**

　企業の成長に重要な要素となる、開発能力や生産性の向上を目指す場合で、上記①のような量的な拡大よりも、事業構造の転換や新規技術の開発やビジネスモデルを構築して、経営力の強化や自社の事業構造の転換を狙う。これは、既存技術や既存の扱い商品の陳腐化による競争力の低下をカバーし、新たな成長の核となる事業の構築を目指すことにほかならない。

　しかし、自力での開発や改善努力には限界がある場合も多く、他社の経営資源を取り込むことによって、より速く、そしてより確実に、製品や商品、サービスの付加価値の向上によって、利益を増加させることが

(2) 買収の類型

　買い手側の目的や狙いは前述のとおりで、これらを実現するためのM＆A成長戦略の類型は、図表2-6のとおりである。
① 水平型──主として同業他社がM＆Aの対象となる
　水平型は、事業の量的拡大を目指し、主として同業や類似の業種を買収する場合である。質的な転換よりも量的な拡大を優先し、自社や本業に近い企業や事業が買収の対象になる。まさに、スケールメリットを追求するのが主目的で、図表2-6①のように、自社と同一の事業や同業他社がM＆Aの対象となる。
　最近の事例としてよく見られるのは、スーパー、外食チェーン、ドラッグストアチェーン、家電量販店等が挙げられる。
② 垂直型──川上の分野や川下の分野の企業がM＆Aの対象
　通常、川上の分野、川下の分野というのは、図表2-6②のように消費者を起点として、遠いのか近いのかを意味する。
　川上への遡上型とは、部材メーカーが原材料メーカーを買収するとか、原材料メーカーが原材料の産出や生産に携わる事業を譲り受ける場合である。これと反対に、川下へ向かう川下り型は、原材料メーカーが部材や製品メーカーを買収する場合や、製品メーカーが消費者により近づくために小売り事業を買収する場合になる。
　垂直型において、買収側の大きな狙いは、製品や商品の付加価値を高めることや収益の機会を増やすこと、それと製造や販売の一貫体制を構築し、物流コストを削減すること等、複数の効果を狙う場合である。
　また、垂直型の場合には、買収する側には、仕入先や販売先を確保するとか、他社からの買収に対する防衛の意味合いでの狙いもある。
　例えば、自社にとって重要な仕入先や取引先を後継者不在のままで放

図表2-6 買収の類型

① 水平型

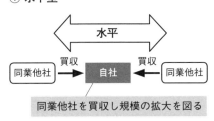

② 垂直型

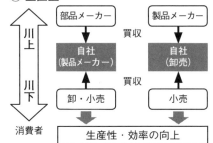

③ 周辺型

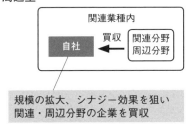

④ 布石型

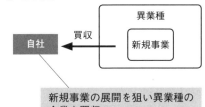

置しておけば、廃業になったり、他社から買収されたりして、仕入れに大きな支障を来したり、販売網をなくすことにもなりかねない。こうした事態を回避し自社の商圏を確保するために、大手メーカー等が特約店や系列の販売店の事業を引き受ける場合がある。そのほかにも、大手の小売チェーンが、仕入先の卸売会社を統合する、あるいは物流会社を統合することが挙げられる。

③ 周辺型──関連業種、周辺業種への拡充

周辺型は、図表2-6③のように、同業界内で既存事業の周辺にある事業への進出を目指す場合で、いわゆるシナジー効果を狙った買収である。この場合、まったくの同業ではないが業種的に近いとか、相互に補完関係があるような事業が対象となる。原材料の共同仕入れができる、

部材や資材が共通化できる、販路が共有できる等、業務が重なり合っていて、買収によって合理化や効率化が見込める場合である。

企業の業績面から見ると、上記②と③の類型は、収益機会を増やすことと、生産性や合理化によるコスト削減効果も見込めるので、利益に直結する付加価値を高めることを狙いとしている。

最近の事例としては、居酒屋店チェーンが、外食チェーンあるいは焼き肉チェーンを買収するとか、飲料メーカーがソースメーカーあるいは洋菓子メーカーを買収するとかが挙げられる。

④ 布石型——新規事業への進出

布石型は、図表2-6④のように、既存事業とは無縁か、またはかなり遠い事業への進出を目指すもので、自社にとって新規事業の構築が狙いとなる。もちろん、新規事業の進出の狙いの一つには、自社の既存の技術を転用することで、新規の商品を開発・製造する場合もある。すぐに業績に貢献するという即効性はあまりないが、新規事業の成長により、結果として自社の成長戦略の実現を目指すことになる。一から始める新規の開発とは違い、開発コストや製造コストが低く抑えられることや、販売についてもマーケットがあるので、その分事業のリスクは低くなる。

具体的には、パソコン用プリンターやコピー機、そして、技術の複合化も合わせたデジタルカメラ等が顕著な例として挙げられる。このほか、ナノテクやヒトゲノム、バイオ等に象徴される分野で、新技術やビジネスモデルの開発や発明により、新しいマーケットの創出が可能となる。

4 売却の狙い

M&Aは、基本的には事業や企業を対象とした売買取引である。第3章のM&Aの形態でも詳述するが、売買の対象は、株式の売買による自

社そのものか、売り手の事業である。外形的にいえば、買い手は、自社の成長戦略の目的達成のために、対価（現金と株式）を支払って、会社＝株式や事業を取得する。また、売り手は反対に、対価（現金や株式）を受け取り、自社＝株式や事業を売却することになる。

（1）売却の動機

Ｍ＆Ａにおける買い手の目的や狙いは前述のとおりである。これに対応する売却の背景・動機については、個別の案件ごとに異なるし一律ではないが、大きくは図表2-7のように類型化できる。

図表中、縦軸は自社の事業を存続させたい意欲であり、横軸は売却による利益を重視することを表している。縦軸は上に行くほど事業を存続させたい意欲が強く、横軸は右に行くほど資金の回収や利益を確保する目的が強いことを示している。当然ながら、個別のＭ＆Ａの案件ごとに事業に対する思い入れや金銭面を重視する度合いは違っているが、企業や事業の売却を決めるのには、通常の商取引とは違った理由や動機が背景にあることを理解する必要がある。

① 事業の存続を重視

すべてのＭ＆Ａの売り手は、売却した後の企業や事業の存続と発展を

図表2-7 売却の背景

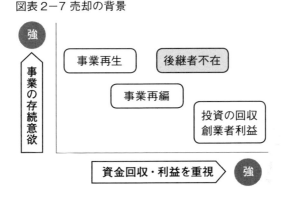

願っていることには間違いない。M＆Aによる売却によって、売り手が対価として売却代金を得るのは前述のとおりである。ただ、図表上部の再生目的と事業承継目的の場合は、資金回収や利益を得るといった金銭面のメリットよりも、どちらかといえば、企業や事業の存続を重視することが、売却を決断する際の動機としては強い。

経営破綻に陥った企業が売り手の場合には、売却による利益が期待しにくいこともあるが、企業や事業が存続することにより、雇用が確保されるとか、既存の取引先や仕入先に迷惑をかけたくないという意識が強く働く。

後継者不在の企業の売却の動機も、同様に将来的にも事業が継続されることにより、雇用が確保されることや取引関係が維持されることが優先される。ただ、経営難での売却ではないことが多いので、ある程度は、適正な利益の確保も期待しての売却となる。

② 事業の存続と併せて金銭面も重視

図表中央の事業の再編目的の売却は、真に前節の事業ポートフォリオを実現するための事業の入れ替え目的の売却となる。つまり、不採算事業や自社にとって不要な事業を単に売却するのではなく、同時に売却する事業とは別の新規事業への進出や拡充を計画している場合が多い。したがって、売却の対象となるのがよほどの不採算事業でもないかぎり、通常は、新規事業や注力していく事業のための資金の調達も併せて目的としていることが多い。

③ 資金回収と利益を重視

図表右下の売却代金と利益を目的とした売却としては、投資ファンドが過去の投下資金の回収のために投資先を売却する場合と、主として、未上場のオーナー企業が株式公開の代わりに創業者利益を確保するために売却するといった場合の2通りがある。

投資ファンドの売却は、投資した先が、すべて業績が伸びるわけではないので、売却損が出るのを覚悟で売却し、投資資金を回収する場合も

ある。

　最近は、株式公開の企業数も持ち直してきたが、バブル崩壊後の20年間は景気の停滞の影響を受けて、株式公開の環境が悪化し、公開数も低迷を続けた。加えて、企業の不祥事を防ぐためと投資家の保護を謳って、上場企業には四半期ごとの財務内容の公開のほか、投資家への情報開示が強く求められるようになった。

　つまり、上場を指向する企業にとっては、経営面で窮屈となったうえに、上場を維持するためのコストが上がったために、従来に比べ上場することのメリットが享受できない環境となった。したがって、一部の優良な未上場企業の経営者にとっては、創業者利潤の確保のために、時間と手間をかけて上場を目指す代わりに、M&Aで自身や親族の持株を売却することが、上場の代替手段となっている。

（2）後継者の確保──事業承継が目的

① 後継者確保のためのM&A

　中小企業数の減少やオーナー企業の後継者不在の現状については第1章第4節のとおりである。公的な統計データはないが、M&Aの専門会社や専門機関のデータから見れば、わが国のM&Aの90%は後継者不在の未上場企業を買収するM&Aとなっているのは間違いない。未上場企業が売り手となるのは、やはりオーナー企業の事業の後継者不在が大きな原因となっていて、売却の目的の大半は、事業の後継者を外部に求めるためである。

　90年前後は、第二次大戦後に創業したオーナー型企業に多く見られる事例だったが、最近は、創業者のみならず、2代目、3代目の経営者の高齢化に伴い、世代交代が必要となっていることが主な原因となっている。

② **親族外の後継者を確保するのは困難**
　オーナー型企業の場合、身内では後継者を育成できずに、事業継承をスムーズにできないことがよくある。経営者に後継者がいない、または親族にいない背景は第1章第4節に記述のとおりである。それに加え、オーナー型企業の場合は、どうしてもワンマン経営となりがちで、自社内で経営者としての人材育成に手が回らず、結果として社内に経営の後継者が不在ということが多い。
　また、たとえ自社内に適格者がいても、普通の従業員では株式の買取りが無理なくらい、株価が高くなりすぎているケースも多く見られる。そのために、事業継続の最良の選択として、資金力があり将来的に安定した経営が期待できる大手の企業に、オーナー経営者が株式を譲渡して将来の経営を託することになる。

③ **外部に承継先を広く探す**
　会社の内部での限られた範囲内での後継者探しではなく、後継者を会社の外部に求めれば、後述の第6章のような手法で、外部に事業を承継する先を募れるので、最適の後継者や承継してくれる企業を確保できる可能性が高くなる。

④ **株主への経済的な効果**
　また、後継者が不在で会社を売却する場合、株式を保有しているオーナー経営者や家族にとっては、未上場株を時価で換金する唯一の手段となる。もちろん、オーナーが保有する株式の家族や親族へ移転は可能だが、株式を引き受ける側の事情で、通常は現金を伴わない移転になるとか、時価よりはかなり低い原則的な評価額での譲渡になり、移転や譲渡をするオーナーにとっては経済的なメリットがほとんどない。また、事業の承継を目的するM&Aは、オーナー経営者の退職の機会ともなるので、相応の退職金を受け取れるメリットもある。
　さらに、後継者が不在で株式公開を目指していた企業にとっては、M&Aによって自社株を時価で売却できれば、創業者利潤の確保になる。

(3) 事業の再編・再生

① 事業の再編

　大手企業を中心とする事業再編の背景には、第1章のとおり、現在も進行している産業構造の変化、経営環境の変化に加え、行政面の改革、規制緩和による事業の先行きの不透明感がある。このために、自社の経営の足かせになっていたり、将来的な発展や自社の本業との相乗効果があまり望めない不採算部門や子会社を、単純に整理、清算する代わりに、他社へ売却したり、他社の事業との統合を図っていくことが必要となる。したがって、自社が経営を継続できる体力のあるうちに事業分野を絞り込み、事業の"選択と集中"（事業再編）を促進することは、事業基盤の強化に不可避となっている。

② 事業の再生

　事業再生型のM＆Aは、事業再編型のM＆Aと違って、ほとんどの場合、経営破綻寸前か経営破綻した企業ないしはその事業が売却の対象となる。つまり、再編と再生の大きな違いは、売り手側の経営状態に特段の問題はないが、経営の合理化や効率化のために子会社や事業部門を売却する場合が再編型であり、経営が破綻するか破綻を来すことがほぼ確実な場合が再生型M＆Aとなっている。

　これは、会社や事業を売却した後の、売り手側の経営の変化を見れば一目瞭然である。事業再生を目的としたM＆Aが、法的手続きか私的整理により実行されるのかを問わず、売り手となる企業自体が従来どおりに存続することはまずない。ほとんどの場合は、事業を譲渡した後で清算されるか、会社が存続しても株主や経営陣が大幅に入れ替わって経営の主体そのものが変わることになる。

（4）投資の回収

　買収ファンドには、主としてバイアウト・ファンドと再生ファンドの2通りがある。買収ファンドの企業買収の目的は、永続的な企業や事業の経営ではなく、あくまでも資金の運用が主目的となっている。したがって、買収後3年程度を経ると、投資利回りを確定し出資者に配当するために、投資資金の回収である出口戦略（Exit）の一環として、M&Aで投資した企業を売却することになる。

　また、ベンチャー・キャピタルは投資家からの出資金を、運用目的でベンチャー企業対象に投資するが、3～5年程度の期間の後に、株式公開ができなかった投資先企業を、買収ファンドと同様に投資資金を回収する目的で、売却するケースもある。

第Ⅰ部　成長戦略とM&A

第3章 M&Aの体系

本章の内容

日本のM&Aの変遷
日本のM&Aは、88年から90年までの第1次ブーム、99年から2000年までの第2次ブームを経て、11年半ばからの歴史的円高を契機に海外M&Aが活発化し、第3次ブームとなっている。今後は、ブームではなく、企業の成長戦略として定着すると思われる。

M&Aの類型
M&Aは、日本から見て国内M&Aが「内—内」、海外M&Aが「内—外」、海外から国内企業へのM&Aが「外—内」、海外企業同士のM&Aは「外—外」と呼ばれている。

そして、買い手が、成長戦略のために積極的にM&Aを実行する場合が、成長戦略M&A、経営破綻した売り手を救済する場合には救済型M&Aと呼ばれている。

M&Aの体系
M&Aには、資本投下を伴う場合と、資本の投下を伴わない場合に分けられる。もう一つの分け方としては、経営権を取得する目的=「狭義のM&A」か、そうでないか=「広義のM&A」に区分される。一般的にM&Aは、「狭義のM&A」を意味する。「広義のM&A」は資本提携や業務提携を意味する。

資本提携、業務提携
各種の提携が狭義のM&Aと違う点は、経営権が移転しない、契約に基づく経常的な取引関係、相互互恵、有期限、等である。

目的や狙いとしては、投資額の軽減や、狭義のM&Aの前段階、経営の再建、事業の再編、資産や情報の活用、等が挙げられる。

提携の主な種類には、生産提携、OEM生産、販売提携、技術提携、等がある。

「内—外」M&Aの現状
「内—外」M&Aは、件数、対象国数共に増加の一途をたどっている。「内—外」M&Aの主な目的は、生産拠点の確保、現地マーケットの確保、資源確保がある。「内—外」M&Aの留意点としては、対象国の税制、法規制上の制約があり、事前の綿密な調査が必要とされる。

1 日本のM&Aの変遷

① M&Aブーム

　わが国の第1次M&Aは、88年に始まり90年までの3年間続いた。97年のアジア通貨危機を経て、第2次ブームは99年から2000年の2年間とされていて、第3次ブームは2011年半ばに始まり現在に至っている。この20年余で、M&Aに対する意識は日本企業にも浸透し、業種や企業規模を問わず、重要な経営戦略として認識されている。

　図表3-1は、わが国におけるM&Aの変遷の概要を表している。第1次ブーム以前は、M&Aという言葉にもなじみがなく、銀行の依頼で

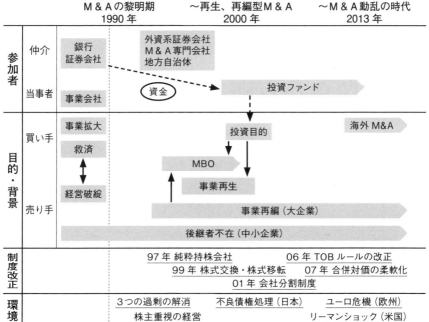

図表3-1 日本のM&Aの変遷

大手企業が経営破綻した企業を救済する、といった、いわば牧歌的なM＆Aが散発的に発生していた程度であった。

② 第 1 次ブーム

　第 1 次ブームは、正にバブル景気のまっただ中にあり、仲介に大手銀行が、買い手に大手企業が参加、豊富な資金力を背景に後継者不在企業を買収するのが主体となっていた。その後、バブルの崩壊で、再生目的や事業の再編目的のM＆Aが多くなり、それに伴って外資系の証券会社やM＆Aのブティックがアドバイス業務に参入、投資ファンドが新たな資金の供給者として登場した。

③ 第 3 次ブーム

　図表 3-1 の「制度改正」欄のとおり、M＆Aの取引がスムーズに行くように、制度の改正も数度にわたって行われてきた。第 3 次M＆Aブームは、11 年以降の円高を背景とした日本企業の海外でのM＆Aの活発化を意味しているが、国内も、従来から根強く存在する事業承継目的や事業の再編を中心に第 3 次ブームの様相を呈している。

2　M＆Aの類型

（1）所在国による呼び方の違い

　M＆Aでは、「内―内」案件とか、「内―外」案件という言葉を目にしたり、耳にすることが多い。
これは、図表 3-2 のとおり、日本から見た買い手や売り手の所在地によって、簡便な呼び方を採っている。

①「内―内」と「内―外」

　「内―内」は、日本国内に存在する企業同士のM＆Aの意味である。

図表3-2 M&Aの類型

	買い手	売り手
内―内	国内	国内
内―外	国内	海外
外―内	海外	国内
外―外	海外	海外

例えば、買い手か日本の企業で、売り手が日本国内のある外資系企業なら「内―内」案件と呼ばれるし、逆の場合も、やはり「内―内」案件と呼ばれる。

最近増加している、「内―外」案件も、「内―内」案件と原則は同様で、日本国内にある企業が、外国にある企業や事業を買収する場合には、「内―外」案件となる。例えば、日本国内にある企業が、外国にある日本企業の子会社を買収する場合も「内―外」案件となる。要は、企業や事業の所在地によって、内とか外を使い分ける原則となっている。

② 「外―内」と「外―外」

「外―内」案件も同様で、外国にある企業が、日本国内にある企業を買収する場合は、「外―内」案件となる。公表された事例は今までにないが、外国にある日本企業の子会社が、日本国内にある外資系企業を買収する場合には、「外―内」案件と呼ばれることになる。

「外―外」案件は、海外所在の企業同士のM&Aで、製薬関係や通信関係、食品関係で、過去に多くの大型M&Aの事例が見られる。

(2) 成長戦略M&Aと救済型M&A

成長戦略M&Aは、自社の成長戦略や経営戦略に基づいて積極的に行うM&Aである。そしてM&Aの目的は、第2章第1節のとおりで、第2章第2節のような明確な事業ポートフォリオに基づいて実行される。

これに対し、救済型M&Aは、消極的な色合いが強いM&Aといえる。

これは、売り手企業の経営状態が、赤字続きで思わしくないとか、破綻寸前ないしは破綻することが明白で法的手続きに入る状態の場合で、積極的に買収したいという意向を持ちにくい場合である。

買収側の事業ポートフォリオの観点からいえば、ポートフォリオに完全に合致はしないが、売り手の事業の内容がポートフォリオに近い場合にM&Aを実行することになる。また、売り手が自社の仕入先等の取引先で、破綻したり、他社の傘下に入ってしまったりすると、自社の事業に対する影響が大きい場合に、救済というよりも防衛的な意味合いで買収を実行することもある。

3 狭義のM&A

（1） M&A全体 体系と狭義のM&A

M&Aというと、合併や買収が頭に浮かびがちだが、実際にM&Aといわれる取引は、狭義では図表3-3、広義では図表3-5のような体系となっている。

M&Aは、資本・資金投下で資金を使う場合には、2つの観点から分けることができる。まず、買収側が経営権や事業を取得する場合の狭義のM&Aと経営権や経営支配の移動が伴わない広義のM&Aとに大別される。

一般的にいわれている"M&A"は、ほとんどの場合、狭義のM&Aを意味している。経営権の取得や事業を買収する目的で、買収側が資本や資金の投下を行うM&Aであり、本書の「第Ⅲ部　M&Aの具体的実務」におけるM&Aがまさにこの M&Aに該当する。資本を投入することや資金を投下することを伴う、狭義のM&Aの目的は図表3-3の

図表3-3 狭義のM&A

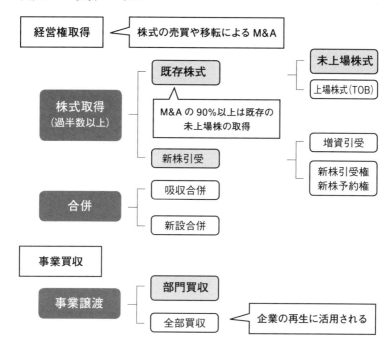

とおりで、売り手企業の経営権の取得や事業の買収を目的とする形態となっている。M&Aの取引としては、未上場株の既存株式の株式取得が90％以上を占めている。

(2) 形態の選択と法手続き

　狭義のM&Aを実行する際には、法的な手続き面から見れば、経営権の取得と事業の買収（図表3-3参照）のいずれかの形態を選択することになる。

　M&Aの当事者が、売り手と買い手の立場に分かれる場合、買い手にとっては、売り手の法人格を引き継ぐのか、あるいは事業のみを引き継ぐのかという選択が、重要なポイントになる。

① 経営権の取得

　M&Aの対象会社（被買収会社）の経営権を取得する目的で、過半数以上の株式取得か合併を選択することになる。

(イ) 株式の取得

　株式取得の場合は、発行済みの株式を取得する場合と新しく発行される株式を引き受ける（新株の引受）場合の2通りがある。新株の引受も、実際の新たに発行される株を取得する場合と、将来発行される新株を取得する権利を取得する場合の2通りがある。

　この形態では、前述のとおり、未上場株式の取得（買収）が、M&A取引の90％以上となっている。上場株式を50％以上取得する場合には、株式市場でＴＯＢ（株式公開買付）の手続きを採るように定められている。また、新株の引受では、増資で新たに発行される株式を取得するのが一般的で、新株引受権や新株予約権の取得はほとんど実施されていない。

(ロ) 合併

　合併は、図のとおり、一つの企業が他の企業を吸収する吸収合併と、新たに新しい会社を設立し、合併当事者企業のすべてがその新会社に吸収される新設合併の2通りがある。実際には、ほとんどの合併は、吸収合併となっている。

　これは、新設合併の場合は、新設会社の資本金に登録免許税が課せられること、合併当事者の会社が消滅することからそれまで持っていた営業許可等が無効となること、そして当事者の会社が上場されていても新設会社が改めて上場手続きを取る必要があること等、経済的な不利益や手続き面での煩雑さが伴うために、利用されることがほとんどないからである。

　なお、吸収される会社の名前を残したいときなどは、合併時に存続会社の社名を変更して対応するのが一般的な手続きになっている。

② 事業の買収、譲渡

　事業の買収や譲渡は、売り手企業の経営権まで取得する必要はなく、対象会社の事業のみを買収する場合に行われ、手続き的には事業譲渡か吸収分割を選択する。吸収分割は元々は企業の事業再編を目的として制定された制度で、第三者間でのＭ＆Ａの取引としては、事業譲渡の手続きを取るのが一般的となっている。

　事業譲渡の活用法は、事業の再編と事業部門の譲渡が主な目的となっている。事業の再編には、グループ企業内で重複している事業を関連会社や新設会社に集約するグループ内での完結型と、後述の他社と設立する共同出資会社に移管する共同出資型の２つがある。

　事業部門の譲渡は、譲渡する側では、低採算部門を活性化してくれる他社に譲渡することによって、経営の効率化を図る目的に活用される。譲り受ける側では、自社の同一事業の拡大を図ることが主な狙いとなっている。

（3）形態別の狙い

　Ｍ＆Ａの形態としては、①株式取得、②合併、③事業譲渡の３つがあるが、それぞれの狙いは次のとおりである（図表２－６、図表３－４参照）。

① 株式取得

　株式の取得により、被買収企業を子会社化するが、買収側の狙いは多様である。第２章で詳述したように、成長戦略型Ｍ＆Ａの目的としては、規模の拡大、質的な転換を狙って、水平型、垂直型、周辺型、布石型のすべてに活用されている。

② 合併

　合併の成長戦略の狙いとしては、ほとんどの場合が規模の拡大を目指す水平型になっている。最近では、大手製鉄会社の合併が典型例であるが、過去にも、規模のメリットを追求のために、銀行をはじめとして多

図表 3−4 狭義の M&A 取引の形態

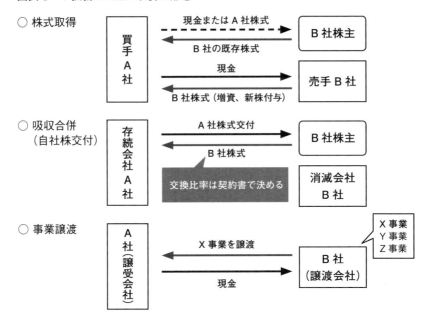

くの大手企業が合併している。

③ 事業譲渡

買収側からすれば、事業の譲り受けは、特定事業の拡大を目指す場合がほとんどで、水平型が主な狙いとなる。

（4）狭義のM＆A取引の概要

図表3−4は、狭義のM＆Aの取引の形態別の概要である。M＆Aの報道等では、企業名しか出てこないので、あたかも企業間での売買取引のような印象を受けるが、実際には、個人を含む株主が持っている株式の売買であったり、株主の了承を得て、新株を発行したり、事業を売買する取引となっている。M＆Aの取引は、企業＝経営陣が実行するが、あくまでも株主からの事前の同意や了承が必要となっている。

① 株式取得の場合

買収側のA社は、B社の"株主"が持っている既発行済の株式を取得する。対価の支払方法としては、現金で支払うか、自社の株式と交換するかのどちらかとなる。

または、増資で株式を取得する場合には、B社が発行する第三者割当ての新規株式を、B社に代金を支払って取得する。この新株の発行による買収の場合、B社が事前に株主からの合意を得ることが必要で、既存株主の意思を無視してはM&Aは成立しない。

② 吸収合併の場合

B社の株主は、契約書で取り決める比率（合併比率）によって、B社株式とA社株式を交換して受け取る。

③ 事業譲渡

事業譲渡の場合、株式を介在したM&Aとは異なり、双方の株主は、取引には直接には関係しない。M&Aの対象となる資産の譲渡や対価の受け払いは、あくまでもM&Aの当事者である、A社とB社の間で行われる。ただし、事業譲渡について、簡易な事業譲渡の場合を除き、B社（譲渡会社）の経営陣は、事前に株主の同意を得る必要がある。

4 広義のM&A

（1）広義のM&Aとは

①「広義」の意味

広義のM&Aというのは、あまりなじみがない言葉であるが、資本提携や業務提携を意味している（図表3-5参照）。

資本提携の場合には、当事者となる企業が買い手・売り手という立場

図表３−５ 広義のＭ＆Ａ

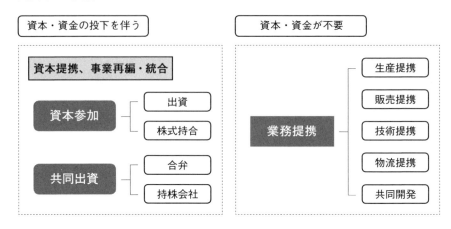

ではなく相互互恵的な立場で、相手方への資本参加や双方から共同出資の形態を取ることになる。共同出資会社の場合は、２社だけではなく３社以上の参加となるケースもある。

また、資金を使わない業務提携は、あくまでも契約を基に、当事者相互間で特定の事業の協力を進めていくことを目的としている。

② **大企業・中堅企業の活用法**

最近は、Ｍ＆Ａや提携などによる外部資源の活用を、経営課題として挙げる経営者が増えている。これを裏付けるように、大手企業や中堅企業の間で、物流や仕入れに関連する業務の効率化とか販売や技術のノウハウの共有を目的とした共同事業や提携もよくマスコミに取り上げられている。

大手・中堅企業といえども、本業を従来どおりの手法で経営していれば業績が伸びる時代は終わり、他社との協働により経営を改善していくことを迫られているのである。

③ **中小企業の活用法**

中小企業の場合は、大手・中堅とは事情が異なり、積極的に資本業務提携や共同出資で事業を共同経営する例はさほど多くはないようだ。し

かし、資本出資を伴う提携や共同事業をＭ＆Ａの前段階ないしは準備段階と考えれば、後継者がいないオーナー企業の事業の継続と後継者の確保には有意義な手段となるはずである。

オーナー経営者が事業を託したい意中の企業がある場合でも、いきなりの売却には抵抗感を感じることもあるだろうし、事業の一部だけは残したいという場合も考えられる。そういった場合に、まず、提携から入り、相互の理解が深まった段階で、事業の承継目的でＭ＆Ａを実行するのも有効な手法ではないだろうか。

以下、資本提携や共同出資会社について、具体的な内容や実務を少し詳しく見ていくことにする。

（2）提携と狭義のＭ＆Ａとの相違点

① 経営権が移転しない、提携する相手を経営支配しない

株式持合を含む出資の場合、相手の経営権に影響を与えるとか、相手を直接的に経営支配することはない。共同出資の形態を採る場合は、お互いが出資した別会社を経営支配することにはなるが、直接的に相手方を支配することはない。したがって、出資比率も相手の経営権に影響を与えない程度に止めておく。

逆にいえば、経営権に影響を与えるほどの出資比率、例えば出資比率が３分の１以上となる場合には、提携ではなく株式取得によるＭ＆Ａとみなされる。

② 契約書に基づく経常的な取引関係

企業間の取引で、単なる商品の売買契約や請負契約では、商品の受け渡しや役務の提供と対価の資金決済で個々の取引が完了するが、業務提携は契約によって相互の役割、利害得失を明確にして、経常的な関係を維持するといった点で前者と大きな差がある。

③ **当事者企業で相互に互恵である**

業務提携では、経営権がどちらにも移らないので、当事者企業の間で相互の利益を図ることが基本になっている。相互に商品を供給し合うとか、片方が技術を提供し一方はそれに対価を支払うとか、供給や提供する物や内容と規模はケースバイケースだが、相互の利益を図ることが基本になっている。

④ **有期限である**

前述のとおり、業務提携は、明確な契約に基づく商品の売買や業務の委託、請負であり、提携関係には期限が設けられている。なお、実務的には解除の条項も盛り込むが、自社の勝手な事情だけで相手の合意もなしに契約を解除することはできない。

(3) 業務提携の目的や狙いの多様化

経営戦略的な観点から見た場合、業務提携の主な目的や狙いは、おおむね以下のとおりとなっている。

なお、個々の業務提携においては、優先順位は別にして、目的や狙いが複数となる場合も多くなっている。

① **投資額の軽減、抑制**

業務提携本来の目的で、他社と共同することによって下記①～③の経済効果が見込まれる。

① 新技術や新製品の開発に係る投資の軽減とリスクの分散を図る
② 他社の経営資源を活用することで技術や設備の陳腐化リスクを回避
③ 自社の既存設備や販売路を活用することで、生産効率や投資効率の向上を図る

② **狭義のM&Aの前段階**

大手企業の経営統合型の友好的なM&Aの場合には、提携の目的は経

済的な効果を狙うよりも、むしろM＆Aを実行する際に生じる恐れのある無用の摩擦やあつれきを排除し、M＆A後の経営の統合や融合を円滑に行うことを狙いとしている。

　とくに大手の対等合併では、お互いに従業員や組織の規模が大きく、また取引先、仕入先、関連企業、取引金融機関の数が膨大になる場合が多いので、当然のことながら各種の調整に相当の時間が必要となる。このような場合に、合併や買収前にいったん業務提携して、相互に必要な情報を交換し合う、あるいは業務の協力を実施することで、可能なかぎり相違点等を調整して融和を図っていく、というのがその狙いになる。

③ 経営の再建

　経営破綻した、あるいは経営危機に陥った企業が、スポンサー企業との間で業務提携して経営再建を目指す場合、その業務提携の具体的な目的としては、スポンサー企業の支援を背景に信用補完をすることやスポンサー企業の経営ノウハウを移転すること等が挙げられる。

　一方、スポンサーとなる企業の狙いとしては、支援先企業の販路、人材、技術等を活用しての新技術獲得、商圏拡大、新規事業への進出、等が挙げられる。

④ 事業の再編

　他社との間で特定の事業部門の統合を前提に提携する場合で、前述の当事者企業同士の合併や買収による企業統合の場合は、企業全体が統合の対象になるが、事業再編の場合は当事者企業の特定の事業部門が統合の対象となる。

　提携の形態としては、次の2通りがある。

・対象となる事業部門が一つの場合は、事業部門を特定して提携
・複数の事業部門を分割、統合する場合は包括契約を締結

　具体的な統合のプロセスとしては、一定の業務提携の期間を経て、分社、会社分割や持株会社等の制度を活用して、対象の事業部門を当事者企業から分離し、その後に統合を図るということになる。したがって、

この業務提携の期間は、事業統合の実行と統合後の事業を円滑に展開するための鍵を握る重要な準備期間になる。

⑤ 資産や情報の活用

顧客情報を相互に提供し合って、顧客層の拡大を狙いとする業務提携の場合、相互の補完的な商品供給と一体となるケースもあるが、サービス産業等では単に情報の提供のみのケースもある。

情報の提供のみの場合には、お互いが保有している情報そのものが対価となり、金銭的な報酬等の支払を伴わないケースもある。

現在、多くの業種から注目され、活用されている"ビッグデータの活用"は、この情報の共同活用を大がかりにしたものである。

5 M＆Aと経営統合の違い
資本提携、事業再編・統合

最近、"経営統合"という言葉を新聞やマスコミの報道で、目にすることが多くなっている。"統合"という単語からは、どうしても"合併"と同様のニュアンスが伝わってくるが、経営統合と合併とは異なる形態となっている。

合併を含むM＆Aでは、買い手が売り手の株式や資産、営業を買収し、完全に自社の経営の中に組み込む取引となっているが、経営統合では、買い手と売り手という立場はなく、2つ以上の企業が、特定の事業部門について相互互恵に経営していく立場に立っている。

したがって、経営の形態としては、前述の広義のM＆Aの形態を採ることになる。具体的な形態としては、図表3-6のように、資本参加、株式の持合い、共同出資、持株会社の形態がある。

第3章 M&Aの体系

（1）資本提携の方法

資本提携は、具体的には、提携する当事者の企業が提携の相手企業または提携に関係する企業の株式を取得することで、株式の取得（出資）方法と出資の対象となる企業は以下のとおりに分けることができる。

株式の取得方法としては、次の3種類がある。
① 新設する会社に資本金を払い込む
② 既発行済株式を買い取る
③ 増資新株を引き受ける

（2）資本参加

資本参加は図表3-6のとおりで、提携事業の運営にあたって、契約のみによる提携を補完し、連携を強化するために相手企業に出資する場合で、一方からの出資関係になる。

出資する側にとっては、相手企業への発言権の強化や帳簿閲覧などを

図表3-6 資本提携、事業再編・統合

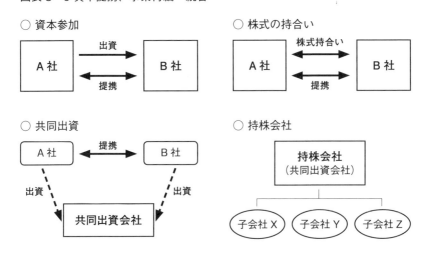

通じて経営情報の入手が容易となるメリットがある。
　また、出資を受け入れる側にとっては、安定株主の確保や事業資金の確保に加え、優良企業からの出資であれば金融機関取引等への信用補完にもなる。

(3) 株式の持合い

　資本参加は一方的な出資だが、"株式の持合い"は図表3-6のように複数の企業が相互に株式を保有し合うことを意味する。相互互恵の意味合いからは、資本参加よりも提携関係の一層の強化を図る方法と理解されている。

(4) 共同出資（合弁）

　資本参加、株式持合では、提携する企業が相手企業の株式を直接保有するが、共同出資は、当事者企業が出資して提携の目的に添う別会社を設立することである。この目的で設立される別会社は、共同出資会社ないしは合弁会社、合弁企業と呼ばれている。
　共同出資の主な狙いや目的は次のとおりとなっている。

① 提携事業への専念、成果配分の公平さ確保
　共同出資には、提携する企業本体から提携事業を別法人で独立させ、当該事業に専念させて成果を上げやすくする狙いがある。
　また、提携に参加する企業から見れば、事業の現状や計画の進捗状況を把握しやすいほか、結果や成果も検証しやすく、比率は別にして成果の配分に透明性、公平性が確保できる。

② 事業リスクの分散
　技術開発や新商品開発等は、結果が出るまでに多額の投資や費用を要することが多く、思うような結果が出ずに、まったくのむだになってし

まうリスクも抱えている。

このような場合、共同出資会社で提携事業として運営することで、1社だけで負担するには大きすぎる投資リスクや事業リスクをある程度まで分散することが可能になる。

③ 設備、組織の合理化

経営の効率化、合理化のために、余剰となった生産設備や組織の集約、統合を図るために共同出資会社を設立する場合もある。

通常の場合は、そうした設備や組織についてまず共同利用の提携をし、一定期間を置いて共同会社を設立、それらの設備や組織を移管する方法が採られる。

(5) 持株会社

① 共同出資の新たな手法

2001年4月から会社分割法が施行されて以降、事業再編を主目的として業務提携と絡めて会社分割と持株会社の制度が活用されている。従来は、複数の企業間での共同出資の方法は、前述の共同出資会社の設立のみであったが、持株会社の活用により共同出資に新たな方法が加わった。

事業再編を目的に、他社と共同で持株会社を設立し、他社の事業部門や子会社も一緒にこの持株会社の傘下におさめ、相互に業務提携をさせるとか、外部の企業と業務提携させることができる。

② 持株会社のメリット

共同出資の持株会社を活用して提携当事者企業の旧子会社や旧事業部門の統合・再編を図る場合、

① 傘下となる子会社を独立して運営が可能で、統合までの調整に時間が掛けられる

② 新たに他社の事業部門とか子会社を傘下に加えやすい

③ 逆に再編の過程で傘下の子会社を他社へ移管、売却も可能

等で、統合・再編に選択の余地が広がるのと情勢の変化に機敏に対応することが可能となる。

6 業務提携

資本や資金の投下を伴う共同経営の類型は前節のとおりである。業務提携は、参加する当事者にとって、直接の資本や資金の投下が不要で、契約によって相互に事業を補完することを意味する。主な業務提携は次のとおりである（図表3-5参照）。

（1）生産提携、OEM生産

① 生産提携
生産提携とは、契約により他企業に生産や製造工程の一部を委託することで、これには原材料の調達やコストの負担の仕方で製造委託契約と製作物供給契約の2通りの方法がある。

② OEM生産
OEM（Original Equipment Manufacturing）生産とは、生産の受託者が委託者のブランドで製品を製造、供給する契約となっている。

（2）販売提携

販売提携とは、提携当事者が独自に有する製品、商品、販売ルート、販売ノウハウ等を相手方に提供するか相互に活用して、販売力を強化する方法である。

（3）技術提携

技術提携は、既存技術に関連する技術実施契約と新規技術の開発に関連する共同開発契約とに大別される。

① 技術実施契約

技術実施契約とは、技術を有する企業が相手方企業に、特定の技術を実施つまり使用、利用することを許諾する契約となっている。

② 共同技術開発契約

共同技術開発とは、複数の企業が協力して、新規技術を開発する契約である。

参加企業にとっては、提携の実を挙げるために、相互にヒト・モノ・カネにノウハウを供給するので、提携の大きなベースとして相互の信頼関係が必要である。また、相互信頼がないと開発途中での秘密保持や開発した成果の配分の共有等に齟齬を来すおそれがあり、提携相手を慎重に選ぶことが重要である。

7 「内―外」M＆Aの現状

（1）業種・対象国が多様化する「内―外」M＆A

①「内―外」M＆Aとは

「内―外」M＆Aとは、日本に在る企業が、日本から海外に立地している企業を買収するM＆Aである。M＆Aの形態としては、株式取得が主体となる。これは、日本にいながら海外にある企業と合併する、あるいは事業を買収することはできないからである。

日本にいながら外国企業を合併する、あるいは事業を買収する場合に

は、通常は当該国にすでに持っている海外子会社を使うか、買収目的のために当該国に子会社を設立してM＆Aを実施する。

②「内—外」M＆Aのブーム

　日本企業の「内—外」M＆Aのブームは、第1次ブームが88年から90年の3年間、第2次ブームが99年から2000年の2年間とされている。第1次、第2次のブームにおける海外M＆Aは、88年のブリヂストンのファイアストーン（米国）買収や89年のソニーのコロンビア（米国）買収、そして99年のＪＴのＲＪＲナビスコ（米国）のたばこ部門買収に代表されるように、超大手企業による米国大手企業の買収が主流となっていた。

③ 多様化・多面化する「内—外」M＆A

　最近の日本企業による海外企業へのM＆A（「内—外」M＆A）は、業種が多様化していることと、対象国が多様化していることが大きな特徴である。かつてのような超大手企業、対象国は米国ではなく、企業が他業種化、実施国が多国、多方面化かつ多面化している。

　図表3-7は、最近の「内—外」M＆Aを類型化したものである。M＆Aの狙いから見て、「内—外」の案件は大きく3つの型に分けることができる。

(2) 廉価品製造の海外メーカーを自社の傘下へ ——生産拠点確保型

① 生産能力拡大、マーケット開拓型とその狙い

　「生産能力拡大、マーケット開拓型」は、買収した企業から製品を日本へ輸入する、あるいは製品を現地で販売するというよりも、買収した企業をベースに、自社が未開拓となっている国への販売を強化する、あるいは買収企業の製品を自社がすでに持っている海外販売ルートへ乗せることを目的としている。正に、グローバルに市場を開拓していくこと

図表3-7 「内-外」M&Aの類型

生産拠点確保型

○ 生産能力拡大、マーケット開拓型

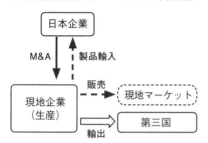

○ 製造品目拡充型

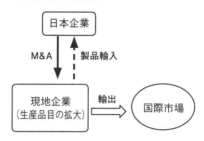

現地マーケット確保型

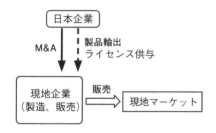

資源確保型

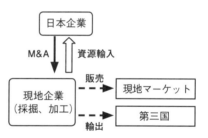

が大きな狙いである。

② 新興国のニーズに対応しきれなかった日本

　日本の製造業は、戦後一貫して高性能、高機能の製品を、適正価格で供給することを目標に技術に磨きをかけ続け、わが国の奇跡的な高度経済成長を達成するのに多大な貢献をしてきた。

　しかし、今世紀に入って世界経済が新興国を中心に目覚ましい発展を遂げるなかで、わが国経済は10年以上に及ぶ低成長経済に止まることを余儀なくされた。いわば、新興国の経済発展に歩調を合わせることができなかった。

　これは、新興国のニーズに対応しきれなかったことが、大きな要因の一つではないかと考えられる。

その典型としては、インドにおける20万円の軽自動車の製造販売が挙げられる。新興国における、消費者の要求は、まず低価格であり、必ずしも高品質、高機能ではない。低価格であれば、粗悪ではないが、実用に耐える低機能、低品質で十分とする、価格優先の考え方が根本にある。

　このような低価格指向の市場が、今世紀に入っての世界経済の拡大、発展の原動力になってきたことは間違いない。

③ 自らで対応できない分野を補う「製造品目拡充型」

　このような市場では、日本のメーカーが磨き続けてきた、高品質、高機能を生産する技術はなじまないし、いわば"宝の持ち腐れ"となってしまう。加えて、わが国では、低品質の普及品を製造する設備も、ほとんど残っていない状態となってしまった。つまり、一部の製品については、世界的なマーケットはあるが、日本国内では製造できない状況になってしまっているのである。

　このような状況を打破し、新興国の需要を取り込むことを目的として、最近では、大手素材メーカーでは、海外の低価格品、廉価品のメーカーを買収する動きが出てきている。つまり、廉価品を製造する海外メーカーを自社の傘下に収めることにより、日本の高品質・高価格の製造品目では対応できていなかった、新興国などの成長市場への事業拡大を図ることを狙っているのである。

(3) 現地（海外）マーケット開拓型と資源確保型

① 現地（海外）マーケット開拓型

　現地（海外）マーケット開拓目的のM&Aは、生活関連商品や日用品関連の日本企業が実行しているM&Aで、現地のマーケットへの参入や販売強化を目的としている。これは、上記（2）で説明した生産拠点確保型も同様だが、日本国内での消費需要の先細りを補い、これから成長

が見込めるマーケットを取り込んで行くという、長期的な視野に立ったM＆Aである。とくに、経済発展が著しい、中国、東南アジア、インドのマーケットを開拓し、シェアを確保していくことが課題となっている。

② **資源確保型**

資源確保型の目的での「内―外」M＆Aでは、日本の商社が買収の主体となっている。日本企業でもメーカーは、上記（2）、（3）①のように、将来的なマーケットの確保を狙いとしてM＆Aを進めている。

世界経済は急速な発展を遂げているが、この発展を維持継続するには、天然資源の確保が大きな鍵となる。そのため日本の大手商社は、M＆Aを含めて海外での資源確保事業を積極的に展開し、最近では、その海外子会社から受け取る配当金が1兆円を超え、貿易赤字を補てんする一助となってきている。

3つの類型は、一見目的や狙いが違うように見えるが、海外に将来に向けた大きな布石を打っていくことや橋頭堡を確保していくという点で経営的な狙いが共通している。

（4）「内―外」（海外）M＆Aにおける留意点

最近の「内―外」M＆Aの目的別の類型は、前述のとおりである。海外におけるM＆Aの形態や進め方も、基本的には国内M＆Aと大きな変わりはない。ただし、「内―外」M＆Aを実施する際には、日本では考慮する必要のない現地の風土、法律、労働事情の相違等が多数あり、こうした点に留意しなければならない。

「内―外」M＆Aに関して留意しておくべき主な点は、以下の①～④のとおりである（図表3-8参照）。なお、③、④は、対象国の制度、規制に関わることで、また、適用税率等が都度変更となるので、M＆Aの検討時に対象国の大使館、領事館やジェトロ等の関係当局で確認することが必要である。

図表3-8 「内-外」M&Aにおける主な留意点

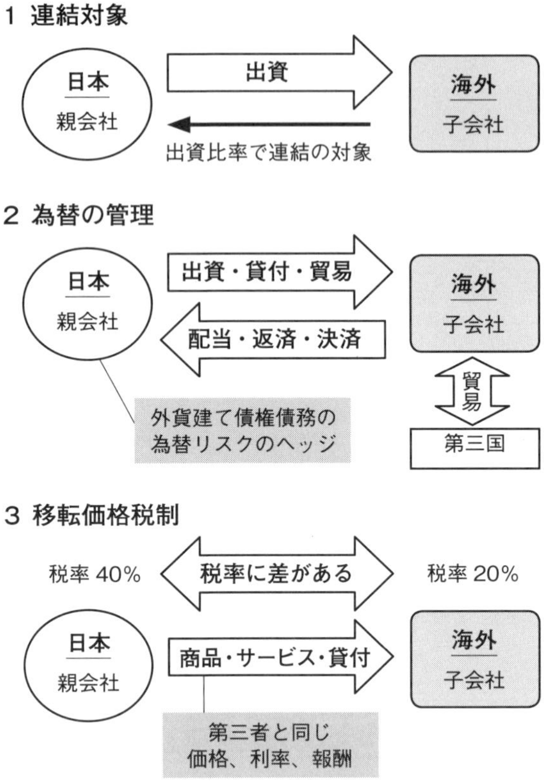

1 連結対象

日本 親会社 →出資→ 海外 子会社
出資比率で連結の対象

2 為替の管理

日本 親会社 →出資・貸付・貿易→ 海外 子会社
←配当・返済・決済←
外貨建て債権債務の為替リスクのヘッジ
海外子会社 ⇔貿易⇔ 第三国

3 移転価格税制

税率40% ←税率に差がある→ 税率20%
日本 親会社 →商品・サービス・貸付→ 海外 子会社
第三者と同じ価格、利率、報酬

① 連結対象

出資比率や支配力基準で子会社、関連会社となれば、連結決算の対象となる。また、セグメント情報の海外売上高の対象ともなるので、継続的な業績管理や財務内容の把握が必要となる。

② 為替の管理

日本企業が直接M&Aを実行する場合、外貨建ての買収資金や貸付金は日本側に資産計上され、以降は常に為替リスクを負うことになる。

また、M&A後に日本との間で貿易をする場合や現地子会社から配当を送金する場合にも、為替リスクの管理が必要である。貿易や配当の送

金を円建てにすれば、為替リスクは現地企業が負うことになるが、外貨建ての場合には、日本側が為替リスクを負う。

さらに、買収した現地企業が第三国と貿易取引する場合には、同様に現地企業が為替リスクを負うことになる。もっとも、ユーロ圏の企業がユーロ圏の企業と取引する場合には、当然ユーロ建てとなるので、現地企業側では為替リスクの問題は発生しない。

最近は、ヘッジファンドをはじめとするファンドの投機目的の為替取引が盛んになっており、為替相場が乱高下することも多くなっている。「内―外」M&Aを実施する日本企業は、日本サイドでの為替管理はもちろん重要だが、現地企業の為替管理も十分に行うことが肝要である。

③ 移転価格税制

移転価格税制というのは、あまりなじみのない言葉だが、企業活動の国際化に伴い、国際展開する企業グループが、国ごとの税率格差を活用して、同一グループ内での貿易や資金取引等の各種取引を通じ、所得を国際的に移転させることに対応する税制である。

端的にいえば、税率の高い国の親会社から、税率の低い国の子会社（国外関連者という）に輸出する場合に、"通常より安く"輸出して利益を子会社に移転しようとする行為を防ぐ狙いがある。

このような取引には、国外関連者との取引価格と、独立企業間価格、すなわち持株関係とか支配関係がまったくない国外企業との取引価格、との比較で見なし課税が発生する可能性があるので、価格設定には十分注意する必要がある。

そして、この税制が対象とする取引は、国外関連者との間で行う資産の売買、役務の提供、資金取引等が該当する。現在は、ＯＥＣＤの加盟国のほとんどがこの税制を採用しており、経済の国際化に伴い採用する国の数は増加している。

概要は以上のとおりであるが、内容の詳細は、必要な都度、税務通達等で確認の必要がある。

第Ⅱ部 金融機関におけるM&A業務推進

第4章

M&A業務への取組

本章の内容

本来業務とM＆A業務の違い

　金融機関の本来業務（預金、融資、為替、運用）は内部の垂直統合型業務であるが、M＆A業務の特徴は、顧客へのM＆A業務提供のサービス業務であり、外部専門家（弁護士、会計士、税理士、社会保険労務士等）との水平分業が必要である。

　M＆A業務推進の業務上のメリットは、ノン・アセット・ビジネスからのアドバイザリー報酬と融資、運用の付随取引の強化である。

M＆Aアドバイザーの必要性、役割、資質

　顧客はM＆Aは初めてとか、不慣れな場合がほとんどであり、M＆Aの取引を進めていくうえでの不安感を払拭し、経営者が本業に専念できるようにアドバイザーが必要とされる。

　アドバイザーの主な役割は、取引相手との折衝、企業価値の評価、専門家との協働、必要文書の保管等で、M＆Aの取引を円滑に進めて、依頼者の利益保護を図ることにある。したがって、アドバイザーは、高いモラル、幅広い知識、仕分け、調整能力等の資質が求められる。

M＆A業務の推進体制

　M＆A業務を推進するには、本支店一体となった情報とサービス機能統合型の組織を構築する必要がある。本部にM＆A業務の専門部署を設置し情報の一元管理とアドバイザリー・サービスを提供、営業店は顧客情報の収集と整理更新の役割を分担し、全体としてM＆A業務を推進する。

1 金融機関の本来業務とM&A業務の違い

　本章では、M&A業務の体制を整備することや、具体的案件を推進する際に、金融機関が認識しておくべき心構えや基本的な留意点について概説する。

（1）本来業務（預金、運用、貸金、為替、外国為替業務）との違い

① 本来業務——垂直統合型業務

　図表4-1は、金融機関の本来業務とM&A業務の相違点と次の垂直統合型の業務と水平分業型の業務の相違点について、簡単なイメージを示したものである。

　本来業務では、図表4-1上部のように金融機関と顧客はお互いが直接の取引相手となる。つまり、預金であれば顧客が預ける金銭を金融機関が預かり、貸金であれば金融機関が顧客に融資し、外国為替であれば金融機関が顧客との間で外貨を売買することになる。

　この場合、お互いが相対で取引の当事者同士であり、利益が相反する関係となっている。

② M&A業務——水平分業型業務

　これと異なり、M&A業務においては、金融機関の一義的な役割は、同下図のようにあくまでもアドバイスやM&Aの相手先を探す、といったサービスを顧客に提供することであり、金融機関が顧客との間でM&Aの直接の取引相手にはなりえない。

　もちろん、買い手に対して買収資金を融資するとか、売り手から売却資金を預金で受けるとか、投資信託での運用を依頼されることはあるが、

図表4-1 本来業務とM&A業務の違い

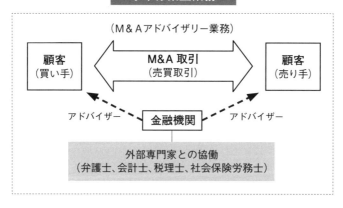

これらはあくまでもM&Aが成約した結果から生じる付随取引である。

言い換えれば、M&A業務は、金融機関が顧客との間で、金銭や為替のような現物資産を使わずに、顧客に対してノウハウや智恵を提供して対価を得るという業務である。

なお、融資や運用の業務などで、支店長や本部役員が好業績の企業等に往訪して借入れや預金の協力を依頼するのは、慣習的に行われているが、M&Aの場合には、推進中の案件で、役員がアドバイスを依頼している企業を往訪し、売却や買収についての意思決定を促すことは、コン

プライアンスの点から厳に慎むべきである。

（2）内部での垂直統合型と外部との水平分業型の違い

　Ｍ＆Ａ業務の実務面は、外部の専門家との協働を前提として、極めて水平分業型に構築されていることを理解する必要がある。

　例えば、融資の取引であれば、顧客からの借入れニーズ→支店の担当者→貸付課長→支店長→本部担当者→本部決裁者と申請され、ほぼ逆の道筋で諾否の結果が通知されることになる。意思決定の過程やチェック機能が、金融機関の組織内で垂直的に統合され、かつその機能も金融機関の中で完結されている。

　これとは違い、Ｍ＆Ａ業務は、前述のとおり、金融機関自体は取引当事者にはならないので、金融機関の内部で融資のような申請や決裁通知のプロセスは必要としない。Ｍ＆Ａでは、売却や買収を決断するのはあくまでも当事者企業である。

　そのために、金融機関の主な役割は、弁護士、会計士、司法書士等、金融機関から見れば外部者である専門家と、水平分業的に法務、財務、税務に関し最適・最善と考えられる方策を、Ｍ＆Ａの顧客に対してアドバイスしていくことである。

2　Ｍ＆Ａ業務推進のメリット

　本来業務とＭ＆Ａ業務の違いについては前節のとおりであるが、金融機関がＭ＆Ａ業務を推進するメリットはおおむね以下のとおりである（図表４－２参照）。

図表 4−2 M&A 業務推進のメリット

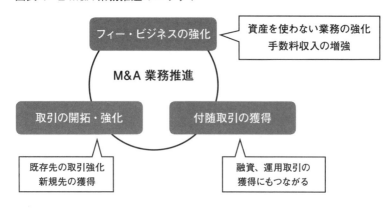

（1）ノン・アセット・ビジネスの強化
──フィー収入の増強

① 今後さらに重要となるフィー・ビジネス

　与信リスクの管理の精緻化、自己資本規制の強化と、一昔前に比べ貸金取引に係る管理方法と管理の範囲は煩雑化し、金融機関にとっては、それに伴ってシステムと人的なコスト面での負担も増大している。このため、リスク資産を使わずに収益を挙げる「ノン・アセット・ビジネス」の強化は、どの金融機関にとっても、継続的で大きな経営課題である。

　もちろん、融資業務からの収益は、金融機関にとって大きな収益の柱に違いはないが、他の金融機関との収益力の違いは、むしろ手数料収入の多寡で決まってくるようなところもある。

② M＆A業務の基本は顧客からの信頼

　金融機関にとってのM＆A業務は、システムやコンピュータに関わる大きな設備投資なしに、強化・拡充が可能な業務で、企業の株式や事業を売買する取引についてアドバイス等をすることで顧客に関与する。

　各金融機関には長年にわたって培ってきた顧客ベースがあり、それらの顧客からの高い信頼感を得ているから、M＆A業務を企業との取引の

基盤と企業からの信頼感を基本にして捉えれば、実はM＆A取引は金融機関にとっては身近な業務であるといえる。

したがって、金融機関は、M＆A業務の体制の整備を図り、同時に業務に携わる人材の育成と充実を図っていけば、顧客に対する貢献度が高められ、併せて手数料収入の柱が構築されていくのである。

(2) 取引先企業の強化・活性化、開拓

既存の取引先との取引を伸ばすためには、当該企業に対する取引のシェアを上げるか、その企業自体に規模を大きくしてもらい、自然増による取引の拡大を図っていくかのいずれかしかないであろう。

多くの企業が成長路線を指向するようになっているなか、M＆A業務で各企業の成長戦略を支援すれば、既存の取引先企業の強化・活性化につながる。

また、優良企業の新規開拓は、通常の手法でその糸口を見つけることはなかなか難しいが、優良企業はM＆Aニーズを持っている場合が多く、M＆Aの案件を紹介すれば、たとえその案件が成約しなくても、新規取引開始への大きなきっかけとすることができる。

個別の金融機関にとって、M＆A業務の推進は、企業取引の強化を図る大きな武器になるし、引いては、競合する他の金融機関に対して、機能面での優位性を確保するうえで間違いなく大きなツールとなる。

(3) M＆A業務に付随した取引（本来業務）強化・獲得

M＆A業務を推進してM＆Aが成約すれば、ほとんどの場合、金融機関の本来業務である貸金や預金取引が付随してくる。

買い手に対しては、買収資金の融資により、総合的な取引強化あるい

は新規優良先の獲得につなげることが可能である。売り手となった企業からは、売却代金を資金運用として預かることができる。また、後継者のいない企業と事業承継先となる企業をM＆Aで結びつけることにより、後継者が不在であった企業との取引継続が可能となる。

　こうした点が、預貸金業務ができる金融機関の強みであり、単なるアドバイザリー業務しか行えない、証券系のM＆Aアドバイス会社や仲介専門会社との大きな違いである。金融機関がM＆A業務から期待できる収益と業務機会の具体例については第5章で詳述する。

3 M＆Aのアドバイザーが必要な理由

（1）売却の相談相手がいない理由や背景

① 後継者不在の企業のオーナー経営者の悩み

　再生目的のM＆Aを除いては、事業再編や後継者不在が理由で会社の売却を決断するのは、その会社の経営陣や経営者である。未上場企業が売り手となるM＆Aの場合、事業の後継者不在を背景として、事業の後継者を確保するための売却が90％以上を占めている。このような後継者不在の企業は100％近くが未上場のオーナー企業であり、会社の売却を決断ができるのは、会社の大株主でもある経営者のみとなっている。

　もともと、事業の後継者不在は会社の将来に関わる重大事だが、解決策を取締役会に諮れば済むような問題でもないし、誰にでも気軽に相談してすぐに答が得られるような問題でもない。後継者がいないオーナー経営者自身が、後継者確保と事業を継続するための課題や問題のほとんどすべてを自分の肩に背負って、長期間にわたって解決策を探っていくことになる。

② M&Aの経験不足と知識不足

　オーナー経営者が、いろいろな選択肢の中から、解決策の一つとして事業承継を目的としたM&Aを考えたとしても、過去に会社を売却した経験がないし、十分な専門知識もないので、結論を出す（決断する）には、どうしても信頼できる人物へ相談する必要がある。自社にとって重大事であり、厳格に秘密保持しなければならないことはわかっているので、誰にでも迂闊には相談できない。そのため、相談相手としては、取引金融機関、顧問税理士や弁護士、親しい友人や知人に絞らざるをえないと考えるのが普通である。

③ 意外にいない相談相手

　また、事業の後継者不在は、税務や会計の問題や法律の問題でもないので、それぞれの専門家に相談しても、何らかの解決策を導き出すのは難しい。親しい友人や知人でも取引関係がある場合には、以降の取引に影響がまったくないとは言い切れず、やはり相談することを躊躇せざるをえない。

　また、相談相手として、利害関係がまったくない友人も考えられるが、多くの場合、相談する側と同様に専門的な知識があることはまずないので、的確な答はむろんのこと、ある程度方向性のある答すら得ることは難しい。

④ 金融機関は最適の相談相手

　後継者が不在の企業それぞれにさまざまな理由や背景はあるが、上記のような心理的な背景や経営の環境があって、多くのオーナー経営者が、事業承継目的でのM&Aを決断する際に、相談相手がいないことを大きな壁と感じている。こうした経営者心理を和らげ、壁を取り除くには、やはりベースとなる日常の取引関係があり、顧客からの信頼感も高い金融機関が最も適任である。

　ただし、会社の売却を考えている経営者は、借入れがあると、将来の経営に関して無用の警戒感をもたれることを懸念するので、相談があっ

た場合には十分に配慮することが肝要である。

（2）上場企業と未上場企業の違い

① 上場企業の場合

　株式譲渡によるＭ＆Ａの実務手順については第７章で詳述するが、Ｍ＆Ａを円滑に進めて無事に完了させるためには、候補先を探すことから始まり、候補先との諸条件の話し合い、最終契約の締結までに、段階的なプロセスの中で適正な手続きを踏んでいく必要がある。

　最近は、多くの上場企業が、成長戦略の一環として、海外を含めてＭ＆Ａを積極的に実施している。このように、Ｍ＆Ａを何度も手がけている上場企業や大手企業の場合には、自社内に過去の経験が蓄積されているし、常設に近い形で専門部署も設けられているので、基本的な段階から外部のＭ＆Ａアドバイザーを必要とはしない。

② 未上場企業の場合

　未上場企業の場合には、事情は大きく異なっており、活発にＭ＆Ａで買収を実施している企業は稀で、社内にＭ＆Ａの推進ができる態勢を採っている企業は皆無に近い。また、前述のように未上場企業の経営者には、まず自社を売却した経験は皆無に等しい。

　Ｍ＆Ａの経験が乏しい未上場企業が、買収や会社の売却を初めて進めていくうえで、アドバイザーを必要とするのは、主に次の理由からである（図表４－３参照）。

図表４－３　相談相手がいない理由

相談相手がいない理由	アドバイザーが必要な理由
経営者の個人的問題 税務や法律の問題ではない 秘密保持が心配	本業に専念するため 専門知識が必要 取引の適正さを確保

(3) 未上場企業がアドバイザーを必要とする理由

① 経営者、社員が本業に専念

　未上場企業の経営者は、自社の本業に長けているが、M＆Aの経験は乏しいか皆無なので、M＆Aの実務に関する知識は持ち合わせていない。具体的に案件を採り上げるとか、進める必要が出てきた場合に、実務や知識面での習得や補完が当然ながら必要となってくる。

　ベストの解決策は、経営者や社員が実務知識を身に付けることだが、目の前の案件に対応するのには、間に合わせようがない。また、経営者は時間的な制約が非常に多いので、M＆Aのすべてのプロセスで、必要な手続きを自身で取り進めるのは、時間的にもまず不可能である。

　つまり、M＆Aを進める間も、買い手・売り手の双方共に、時間的な制約から本業を疎かにするにすることはできない。そして、M＆Aの成功の確率を高めるために、手続きを順当に進めることも重要であり、この2点から、M＆A業務の専門アドバイザーに任せることが必要となる。

② 心理的な行き違いや手続き面での不備を排除し、不測の事態を回避

　第6章で詳述するが、後継者が不在の未上場企業の場合、従来から取引関係にある先や経営者の知り合いの会社を事業の承継先として（自社の売却先として）選ぶことは稀ではない。しかし、従来からの取引関係や知り合い同士の間でM＆Aの話を進めた場合には、経済的な面よりも心情的な面での枷（かせ）が強く、双方が本来厳しく話し合うべき点が疎かになることがある。また、お互いがM＆Aに不慣れなために、会社の株価の決め方や手続き面での離齬が生じ、結局は話がこじれて破談となってしまうこともある。

　不動産取引では、たとえ隣同士で長年の知り合いであっても、どちらかの不動産を売買する際には、仲介業者に依頼するのが常識となっている。M＆Aの場合は取引形態がもっと複雑となるので、買い手と売り手がどんなに親密な間柄であっても、心理的な行き違いや手続き面での不

備を排除し、不慣れが原因で起こるかも知れない不測の事態を回避するために、アドバイザーに依頼することが必要である。

③ 取引の適正さと妥当性の確保

未上場企業が売り手となるM&Aの取引そのものは、株式譲渡や事業譲渡の形態を問わず買い手と売り手の間の相対取引で、売り手以外の第三者が取引そのものに関与することはない。

しかし、売買当事者双方には外部の利害関係者（ステーク・ホルダー）がいるし、双方が税務申告の義務を負っているので、取引そのものが適正かつ妥当に成立したことを第三者がはっきり理解できるようにすることと、税務当局が売買の適正性を判断できるように、取引の経過や成立した根拠に客観性と合理性を持たせておく必要がある。

4 アドバイザーとしての主な役割

M&Aのアドバイザーが必要とされる背景や主な理由は前述のとおりである。M&Aのアドバイザーでも、上場企業を対象としたM&Aに携わるアドバイザーと未上場企業を対象としたM&Aに携わるアドバイザーとでは、かなり違った役割や資質が求められる。

金融機関の場合、上場企業を対象としたM&Aを取り扱うことはまずないので、ここでは未上場企業を対象としたM&Aのアドバイザーが求められる主な役割を述べていくが、その役割はおおむね図表4-4左部分のとおりである。

なお、未上場企業同士のM&Aの場合、売買の相手先探しもアドバイザリー会社の組織機能を使った大きな役割であるが、本節では個別の案件を進めていく際の担当アドバイザーの役割について概説し、相手探しについては第6章で詳述する。

図表4-4 アドバイザーの役割と資質

```
アドバイザーの役割
（成約まで社外特別企画室）
  相手との折衝
   （売買金額や条件の折衝）
  企業の価値評価
   （第三者間取引を前提とした価値）
  文書の作成、保管
   （折衝記録、契約の草案、税務申告関連）
  専門家との協働
   （弁護士、会計士、社会保険労務士等）
```

```
アドバイザーの資質
  高いモラル
  幅広い知識を持つ
  仕分け、調整能力
```

（1） 成約までは「社外特別企画室」

① 事業承継が目的のM＆Aにおける役割

　事業承継が目的のM＆Aは、売り手の経営者にとって、「M＆Aは世界に一つ限りのかけがえのない物を売買する商談である」、ということが基本になる。

　少し比喩的になるが、売り手の経営者にとって、M＆Aのアドバイザーは、「相談者」「指導員」「分身」の役割を担うことになる。

（イ）相談者

　事業承継目的のM＆Aでは、売り手の経営者は、他人では推し量れないほどの孤独感や不安感といった心理的な葛藤を強いられることがほとんどである。M＆Aが完了するまでには、着手してから1年以上かかることも稀ではない。その間、アドバイザーの大きな役割は、相談者として経営者の悩みを、できるだけ和らげて、そして軽くしてあげることである。

（ロ）指導員

　ほとんどの経営者は、前述のとおりM＆Aの経験はなく、手順がまったくわからないので、たとえ経営者がかなり年上であったとしても、後

述の手続き面や取り進め方で指導してあげることが必要である。

(ハ) 分身

　また、承継候補先が見つかり、手続きを取り進めていく段階では、売り手経営者の意思や考えを代弁できるような、いわば分身に近いような役回りも必要になる。精神論的ではあるが、一言でたとえれば、売り手経営者にとっては"売却できるまでの特別企画室"を社外に持つ、ということになる。

② 買い手に対する役割

　買い手の場合も、前述のとおり、上場未上場を問わず、M＆Aの経験が豊富で、社内でも専門部署が常設されているような企業は稀で、買収案件を進める場合には、社外特別企画室的な意味合いからアドバイザーが必要となる。そして、売り手の場合と同様に、アドバイザーは、M＆Aを進めていくうえでの専門的な知識を補完し、進めている途中の行き違いを排除する手助けをする。

　これに加えて、買い手の立場では、M＆A後に株主から説明の要請があった場合や、資料の開示請求があった場合に備えておく必要がある。この場合、社内で揃えた資料や報告書に加え、アドバイザーや専門家の意見書、鑑定書を揃えておけば、案件の成約に至るまでの意思決定が合理的経営判断に基づいて行われたことの証左になる。

③ 成約後の外部からの照会への準備

　3点目としては、前述のとおり、依頼者のために税務当局や公正取引委員会等の公的機関からの照会に対しても備えておくことである。例えば、買い手が上場企業で売り手がその下請けとか、従来からの取引先といったケースでは、取引が公正に行われたか、いわゆる「中小企業いじめ」的なことがなかったかどうか、買い手が照会を受けることがある。

　このような場合、買い手企業にとって、アドバイザーを介しての取引であれば、関連資料の提供があるので、取引の合理性、売買価格の妥当性を証明することが容易となる。

(2) 相手との折衝と調整

① M＆Aは勝ち負けをつける話ではない

　M＆Aのアドバイザーは、マスコミやドラマではとかく派手で強引な面が喧伝されているが、実際には、成約に至るまでの過程を一歩ずつ地道に押し進めていく業務である。また、未上場企業のM＆Aでは、株式や事業の譲渡の手続きについて、会社法や税法の縛りがあるが、話自体が係争事ではないので当事者間で勝ち負けをつける話でもない。

　それに、取引先や仕入先を買収後も維持することや、経営が代わることに対する従業員の心理等への対応の仕方、について明文化された規則や規定がないので、法律だけで解決しようがない事項が多い。

　つまり、合理性を確保するとか関連する法律の縛りはあるが、取引の条件は、法律や絶対的な基準では決めようがなく、あくまでも当事者双方の合意によって決定されていくことになる。

② 売買条件の折衝と調整

　また、従来からの知り合い同士の会社で、友好的な場合であっても、当事者間で最初から利害がすべて一致していることはない。むしろ、売買条件は、当然ながら、仕入先や取引先の承継や従業員の承継といった面で当初は一致していない場合の方が多い。当事者双方のみが、お互いの立場を主張し続けていれば、延々と時間がかかったあげく、最悪の場合は破談にもなりかねない。

　したがって、未上場企業のM＆Aを成功に導くためには、売買当事者双方が、お互いの意思をよく確認し合って、自己の判断でいかに折り合いをつけるかが最重要なポイントである。このため、アドバイザーに要求されるのは、自己の依頼者の利益のみを主張し、力関係で物事を決めていくような交渉力というよりも、客観的な判断材料が提供できる合理性と、相手の納得を得ることができるような説得力である。

（3）企業の価値評価──相続やグループ外取引における企業の価値評価

　売買決定のための一番大きな要素は、取引価額である。前述のとおり、企業や事業の売買を決めるのは、あくまでも当事者企業同士であり、売買価額も双方が納得のうえで決めることになる。株式譲渡のＭ＆Ａの場合、株価は理論値で算定はできるが、相続や同族間での取引の株価のように、理論値で取引価額が決まることは稀である。いわば、売り手、買い手双方の思惑が調整されて売買価額が決められることになる。

　アドバイザーとしては、売買価額を決定することはできないが、売り手・買い手の双方が、納得のいく判断材料を提供していくことが重要であり、それが顧客から期待されているアドバイザーの役割である。

（4）専門家との協働──外部との水平分業型の業務

　Ｍ＆Ａのアドバイザーは、個別案件を取り組み始めてから成約に至るまで、外部の専門家と協働することが必須となっている。特に、会計士、弁護士、税理士、社会保険労務士、不動産鑑定士等の士族と適宜連携していくことが不可欠である。これは、取引を完結するのに必要な手続きが漏れたり齟齬が生じることを防ぐこと、そして売買当事者の利益を保護することが目的となっている。

　具体的には第7章で詳述するが、覚書や基本合意書、それに最終契約書には弁護士の監修が必要で、また、成約後に売り手側に税務申告の義務が生じる。税務面では、売買の両当事者の利益保護の観点から、税理士と協働することが必須となっている。

　また、売買当事者は、株主や取引金融機関をはじめとする、いわゆる利害関係者に対して説明義務を負っているから、Ｍ＆Ａが合理的な根拠

に基づいて実行されたことを示す必要がある。

　いずれにしても、未上場企業のM＆Aの場合、法的な課題や問題に直面することがあるが、アドバイザーの役割としては、これらの問題を希薄な根拠で判断するのではなく、問題点や論点を整理して専門家に相談するとか意見を求めることが重要である。

（5）文書の作成と保管

① 面談記録や折衝記録の作成

　M＆Aを推進する過程で、口頭での話し合いのみですませていると、記憶相違とか思い違いによる行き違いが生じる可能性が高くなる。いわゆる、思い違いや聞いていない、ということが起こる隙ができる。軽微な事柄なら、後で修正すればよいが、重要な事項で行き違いが生じた場合は、その後の話し合いに支障を来すとか、最悪の場合はM＆Aそのものが流れてしまうことにもなりかねない。

　不測の事態を招かないように、打ち合わせや会議の後で、要点だけでも書面で確認していくことや、打ち合わせの議事録を作っておくことは、アドバイザーの極めて重要な役割である。

② 基本合意書ないしは覚書や最終契約の草案作成

　基本合意書ないしは覚書や最終契約の草案作成は、金融機関がM＆A業務を推進するうえで、最も困難と感じる作業のようで、弁護士事務所に任せっきりとか、M＆Aの専門会社に作成を委託しているケースも多いようである。基本合意書、契約書は金融業務とは無関係で、弁護士や法律専門家の専任事項という思い込みや先入観が強いのかもしれない。

　しかし、M＆Aそのものは、法律がすべてを支配するような取引ではなく、むしろ売買当事者の経済的な判断に基づく合意が優先される取引であり、それを法律的に補強するのが基本合意書や本契約書と考えるべきである。この観点に立てば、各種の草案の作成は、むしろ金融取引を

通して、企業の経営に関わっている金融機関に最適な作業といえる。
③ 草案作成の理由
　内容については、第９章で詳述するが、ドラフティング（草案作成）という作業は、ある意味でアドバイザーの腕が最も試される仕事である。もちろん、覚書ないしは基本合意書と最終の契約書は、リーガル・チェックという弁護士の監修を受けるが、草案（ドラフト）については通常はアドバイザーが作成する。

　覚書や契約書は、弁護士がすべて作成するものと思われがちである。しかし、費用の点から、弁護士が当事者間の細かいやり取りや打ち合わせの場にいちいち出席するわけにはいかないので、まずアドバイザーが過去の合意した項目を結果としてまとめて、それを草案（ドラフト）として弁護士に相談する必要がある。

④ 草案の内容
　草案の内容や盛り込む条項の数は、案件ごとでかなり異なるが、それまでの話し合いや折衝の結果を盛り込んでいく。具体的には、覚書や基本合意書には、これまでの合意事項、これから協議する事項、それと関連法上の必要手続きや届け出の実施、等の３点を盛り込む。

　また、最終の契約書には、交渉や話し合いの結果、合意した事項をすべて盛り込むことになる。内容的には、両当事者の利害得失はもちろんであるが、両者に関わるステーク・ホルダー全員の利害を盛りこむことが必要である。

⑤ 税務申告
　未上場企業のＭ＆Ａ後、売り手側には株式や事業の売却に係る税務申告義務が生じるので、税務当局への説明資料も揃えておく必要がある。

　経営破綻の救済的なＭ＆Ａでもないかぎり、通常は、株式や事業の売却からは譲渡益が発生するので、売り手は税務当局に所得申告する義務を負うことになる。そのため、各専門家の評価書と取引の経緯がわかる書類をきちんと残していくことが重要である。株式譲渡の場合には、申

告は株主個人に任されるが、税務申告をする際には、売買された株価の根拠を明確にする必要がある。

⑥ 税務申告にかかるアドバイザーの役割

　税務申告そのものは、売り手側の経営者と株主の責任だが、申告に必要な書類を準備、保管するのはアドバイザーの重要な役目である。株式譲渡であれば、専門家が作成した株価鑑定評価書が必要で、含み益のある資産が株価形成に大きく影響している場合は、これに加えて当該資産の鑑定書や相場表等も必要である。

　第8章で詳述するが、実際の取引においては、最終の売買価額は当事者双方の話し合いの結果で決まるので、株価の鑑定評価書の金額そのものと完全に一致することはない。このような場合は、もちろんM＆Aの本契約書が重要であるが、株価が最終的に決定される経緯を、できるだけわかりやすく文書にして提供することが重要である。

5 アドバイザーとして必要な資質と能力

　M＆A業務は、極めてアナログ的で属人的な色彩が強い業務である。確かに、大手企業同士の大がかりなM＆Aでは、買収調査（第8章参照）には人海戦術でないと対応できないが、通常の中小の未上場企業のM＆Aでは、担当者の腕や資質次第で案件の成否が左右されることもある。

　通常の業務では、いわゆる「報・連・相」を励行していれば、ほとんどの場合、業務を進めるのに支障はないし、顧客への対応も可能である。

　しかし、M＆Aの場合、アドバイザーとしての役割がかなり広範であることもあり、顧客から担当者に要求される水準が高い。そして、金融機関にとっても、後述のように相応の収益源ともなるので、業務を推進できる能力の裏付けとして、通常とは異なる以下の資質が必要とされる。

(1) 高いモラル

　M＆Aは、依頼者の上場・未上場企業を問わず、極めて守秘性の高い業務である。物言わぬ物品や不動産の売買ではないので当然である。また、業務に携わる組織や人間に高い信頼性とモラルが要求されるのも当然のことである。

　M＆Aの場合、売り手企業が最も懸念するのは、自社の売却話が第三者に漏れて、取引に悪影響が出ることである。前述のとおり、未上場のオーナー経営者にとって自社の売却は、誰にでも相談できる話ではなく、金融機関には、大きな信頼感があってこそ相談してくるのである。これに応えるためにも、顧客に安心感を与えることが重要である。

(2) 幅広く、多岐にわたる知識が必要

① 会社価値の評価・法手続き・税務の基本的知識は必須

　前述のとおり、M＆Aの取引は、当事者双方の利益保護のためだけではなく、実行した後で、取引先や仕入先、取引金融機関といったステーク・ホルダーへの不利益が発生しないように、法務、税務が複雑に絡んだ仕組みで構成されている。

　このため、アドバイザーには、当然ながら、経営、財務、労務、法務、税務、経理と、多岐にわたる幅広い業務知識が必須である。

　もちろん、詳しい点や細かい点については専門家を活用し、また課題や問題の解決のために専門家と協働することが必要である。しかし、基本的な知識がなければ、依頼者から相談されている内容について仕分けすることすら困難である。このために、会社価値の評価や法手続きや税務の基本的な知識が必要である。

② できるだけ早く身につける

　これらの業務知識は、金融機関の職員であれば、形は違っていても、

日常の業務の携わっていくために必須の知識である。例えば、融資業務を担当する際には、資金ニーズを分析・検討するために財務に関する知識が必須で、また、企業の安定性や将来性を見ていくために、専門家ほどではないにしても、経営や労務、税務の基礎的な知識が必要となる。

　Ｍ＆Ａ業務の担当を配属された直後には、これらの業務知識が不足しているのは当然であるが、できるだけ早く専門知識を身につけるために努力することが肝要である。そして、Ｍ＆Ａ業務の担当部門から、本来業務に職務替えとなっても、こうした知識は、職務こなしていくうえで必要な知識であり、金融機関で勤務しているかぎり十分に活用できよう。

(3) 仕分け、調整能力、スケジュール感

① 重要度・優先度で仕分ける

　アドバイザーの主な役割は前述のとおりで、かなり重い責任を担っている。そして、個別の案件を進めていくうえでは、問題や課題を仕分けする能力や関与者を調整していく能力も必要とされる。

　株式譲渡によるＭ＆Ａ実務の基本的な流れは第７章で後述するが、Ｍ＆Ａを進めていく過程で、関与者や専門家からいろいろな内容の質問・照会、要求がある。その場合、まず、質問・照会、要求の内容をよく理解することが必要である。

　そのうえで、何が重要で、何が優先されるのかを仕分けしていくことが求められる。そうでないと、関与者や専門家への連絡ミスや伝達ミスが発生し、いたずらに時間を費やしたり、無用の混乱を引き起こしたりしかねない。

　とくに、質問事項については、まず、質問の趣旨や目的をよく聞いて理解することが重要である。そして、質問の内容には、時としてきかれた方が答えにくいとか、心証を害しかねないような内容のものもある。その場合は、質問をそのまま伝達するだけではなく、答えやすいような

形で質問するという配慮や機転も重要である。

② 資料開示は厳格な姿勢で、専門化との協働では十分な説明を

　資料の取扱いについては、例えば、買い手から、売り手に対して追加資料の提供依頼があった場合、必要な理由と、必要な範囲を、明確にすることが必要である。売り手から提供する資料は、売り手側の企業内容だけでなく、社員の個人情報に関わるものもあるので、資料開示については厳格な姿勢で対応することが必要である。

　また、専門家との協働において、前述の各種契約書の草案作りをはじめ、各種の調査や検討を依頼する際には、趣旨や重要性の説明と緊急度の説明を十分にする必要がある。

③ 適切なスケジュール感を持つ

　そして、案件を進めていくすべての段階で、適切なスケジュール感を持つことが重要である。金融機関の通常業務で対処するのは、預金者や借入れ先等の「一者」であるが、M＆Aの場合、当初から売り手、買い手の、最小でも「二者」と対する。案件が進むほど、関与する外部専門家の数が増えてくるので、目先の処理だけに追われるのではなく、長めの時間軸の中で関係者の時間を調整していくことが重要である。

6　M＆A業務推進体制の構築

　M＆A業務の特性、金融機関のメリットと役割、携わる職員に要請される資質等は以上のとおりである。M＆Aは、一見難解そうで、金融機関の職員にはなじみにくいように思える。しかし、第Ⅰ部でも概説したとおり、実際には企業の経営と経済活動に根ざした取引であり、金融機関の本来業務とも密接な関係にある。したがって、M＆Aのアドバイザーに求められる役割と資質も、角度を変えて見れば、従来から顧客が金融

機関の職員に求めているものと大きな違いはない。

（1）情報・サービス機能統合型の体制

　図表4-5は、M&A業務の本部と営業店との一体での推進体制をイメージしたものである。M&A業務は、本章第1節のとおり、金融機関内部での垂直統合型の業務ではないが、対顧客サービスを効率的かつ機能的に発揮するために、本部と営業店が一体で動ける垂直的な組織体制を採る必要がある。いわば、垂直な分業型で情報・サービス機能統合型ともいうべき体制で、情報の一元管理とM&Aの専門的なサービスを提供できる本部を設け、日常業務を通じて顧客と直に接している営業店への業務支援と補完ができる体制を構築することが望まれる。

（2）M&A業務推進の体制構築の必要性

　金融機関が、M&A業務を推進していく必要があるのは、大きくは次の3点からである。

図表4-5 M&A業務推進体制

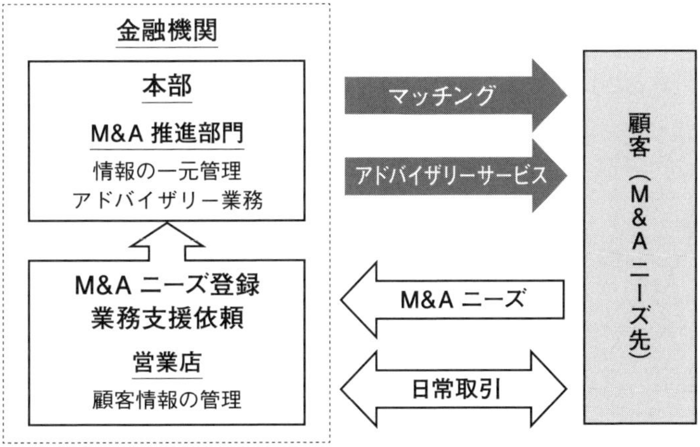

① **顧客の利益保護と利益の提供**

　第2章第4節のとおり、M＆Aでの売却の目的はさまざまであるが、根底には会社や事業を存続させたいという希望がある。また、同節で説明したとおり、M＆Aでの買収の目的は、自社の成長と発展を目指したものである。したがって、金融機関としては、日常の取引を通じて顧客の利益を保護・促進していくのは当然であるが、それ以上に、企業の将来を左右するかもしれないM＆Aについて、同様の利益保護・促進の観点から、可能なかぎりの支援をする使命がある。

② **業務の果実を実現するため**

　金融機関が、M＆A業務から得られるメリットについては本章第2節のとおりである。また、具体的な収益機会と付随業務を得る機会については、第5章で後述する。

　これらの収益機会や業務機会は、ただ黙って待っているだけで実現するものではない。他の業務同様に、機会を逃すことなくこれらを的確に捕捉するためには、体制を整えて組織的に対応していくことが必要である。

③ **機能を発揮し役割を果たすため**

　以上の2点は、精神論や管理的な発想だけで実現できるものではない。まず、M＆A業務の推進に、責任を持って対応できる受け皿としての部署を設置する必要がある。次に、組織全体を効率的かつ安全に活用するシステムや内部のルールの制定が必要である。前述のとおり、M＆Aは個別の相対取引であり、一件ごとのあつらえ的な対応が要請される。また、第6章で後述するが、コンプライアンスの点から、案件ごとに高度に管理された秘密保持が求められる。

　要は、M＆A業務において、顧客への役割を果たしていくためには、専門性が高く、かつ秘密が厳守されるような、組織の構成と人員配置、それと基本的なルールの制定が求められる。

(3) 専担部署の組織、体制

① 業務上の厳格な仕切りと秘密保持の徹底

　M＆A業務の推進部門は、経営陣や経営会議の直轄として、他部門からの干渉や指示・命令を避けた組織形態を採る必要がある。M＆A業務からの直接の収益は、成功報酬で得るアドバイザリー・フィーであるが、この報酬は金融機関の本来業務である融資取引と関連づけることができないので、他の業務部門と厳格に仕切りを付ける必要がある。

　また、M＆A業務は顧客の秘密保持を徹底することが肝要で、他部門に比べて高すぎると思われるぐらいのファイアー・ウォールを設けることが重要である。M＆A業務で扱う顧客に関する情報は極めて守秘性が高く、誰もが情報にアクセスできるシステムや体制・組織になっていては、顧客の機密保持どころか、情報漏えいの可能性が高くなる。情報漏えいによる、信用悪化の危険性も未然に防ぐことが必要である。

② M＆A情報の一元管理

　各金融機関でM＆Aニーズを積み上げていくには、まず営業現場が、顧客との取引関係を活かして、M＆Aニーズを吸い上げることが重要である。それらの顧客のM＆A情報を、専担部署が一元的に管理することで、全体のM＆Aニーズの把握が可能となる。

　このような一元化されたM＆Aのデータベースがあれば、僚店間での相手先探しや、相手候補先が複数あるような場合、案件の持ち込み先について調整が図りやすくなる。第6章で詳述する個別案件のマッチングでは、行内の情報を照らし合わせることで、顧客にとっての最適なマッチングにつなげることが可能となる。

③ M＆Aアドバイザリー業務への専念

　前述のとおり、M＆A業務は、金融機関自らが顧客と取引の当事者となる伝統的な本来業務とは違って、無形の価値ともいえるアドバイザリー・サービスを提供するものである。M＆Aの成約の結果として、本

来業務の融資や資金運用の委託に結びつくことがあるが、M＆Aの推進部門は、あくまでもサービスの提供が目的であり、担当職員がアドバイザリー業務に専念できるようにすること、また他部門からの思惑に影響されないようしておくことが肝要である。

（4）営業店の役割

　M＆A業務における営業店の一義的な役割は、顧客からのM＆Aニーズの収集と収集した情報の継続的な管理である。中小企業の場合、M＆Aの相手先をすでに決めてから相談に来る場合も稀にあるが、売り買いを問わずM＆Aの相談のほとんどは、相手探しの段階からである。M＆Aの相談を受けた場合、営業店としては、店内でニーズの内容をできるだけ明確にしたうえで、本部の専担部署に報告する必要がある。

① 情報の収集と伝達

　顧客から得たM＆Aニーズの共通事項や基本的な事項については、金融機関内部で様式を制定しておくことが望ましい。

　様式の内容としては、まず、売り買いともに会社概要とヒアリングした事項を盛りこんでおく。記載内容については、面談や電話で聴取した事項、買い手から提供された資料のほか、信用調書から得られた事項を盛り込む。これらの項目は、機械的に書き込むのではなく、聴取事項や資料、信用調書等の情報ソース間で同一項目を照らし合わせ、矛盾点や不自然な点がないかを検証しながら書いていくことも重要である。

　営業店としては、まず担当者と支店長席が情報を共有し、複数の視点から齟齬や漏れがないか二重チェックできる態勢が採れるようにする。そして、専担部署への案件登録や打ち合わせ、案件を協働で推進するための基礎資料として活用する。

② 情報の整理と更新

　上記の①で得たデータは所定の書式に従い、パソコンで記録しパス

ワード付きで管理しておく。登録した案件が具体的に動き出せば、これらのデータを随時更新するなど、進捗状況を追加していくことが重要である。ただし、案件の推進は、専担部署の専権事項であり、進捗状況の管理や関連データの更新は、専担部署の指示の下で行うことになる。

③ **専門スタッフの活用**

　前述のとおり、個別のＭ＆Ａの推進は、専担部署の専権事項であり、案件の成約には本部スタッフの支援は必須である。まず、よほどの例外を除いて、相手先の選定（マッチング）には専担部署の機能が不可欠である。

　次に、営業店ではＭ＆Ａを初めて取り扱う場合が多く、専担部署のスタッフの実務知識、専門知識を活用しないと推進はできない。前述のとおり、Ｍ＆Ａ業務は本来業務とはかなり異質なものである。営業店は、日常取引を通じて顧客と密接な関係があるが、Ｍ＆Ａは専門的な知識を求められること、また営業店は日常業務に専念する必要があるので、営業店が単独でＭ＆Ａの推進をしていくのは実質不可能に近い。

　そして、「垂直分業」型の体制を採れば、営業店、本部との間での二重チェックのシステムを取れることである。これも、店内での支店長席と担当者のチェックシステム同様に、本部から視点を変えて、齟齬や漏れをチェックすることが可能となる。

7 Ｍ＆Ａアドバイザリー契約書例

　Ｍ＆Ａアドバイザリー契約は、一種の業務委託契約で、会社や事業を第三者に売却したいとか、逆に買収したい依頼者が、Ｍ＆Ａの専門的な助言やサービスを受けるために、アドバイザーとの間で締結する契約である。

依頼者とアドバイザーがM＆Aについて、事前に相談した後で、双方が業務を委託・受託する意思を明確にするために締結するもので、金融機関がM＆A業務を顧客から受託する際にも、このアドバイザリー契約の締結が必要である。

資料4－1が、株式譲渡により会社を売却したい依頼者との間で取り交わす、標準的なM＆Aのアドバイザリー契約の雛形で、案件ごとに内容は異なるが、アドバイザリー契約に記載する主要な項目は資料4－1のとおりとなっている。

（1）M＆Aアドバイザリー契約の骨子

M＆Aアドバイザリー契約の骨子は、次の3点となっている。

① 受託業務の範囲

受託業務の範囲は、M＆Aアドバイザリー・サービスによって、金融機関側が依頼者に提供する業務の範囲を規定するものである。業務内容の詳細は後述のとおりである。

② 報酬と実費の規定

M＆Aの場合、依頼者が負担する費用は、アドバイザリー契約に明記されている、アドバイザーへの報酬とその他の実費の2通りがある。

（イ）報酬

報酬は、アドバイザー契約を締結する際に、依頼者が数字で客観的に確認できる基準となるので、事前のていねいな説明が必要である。

報酬体系は、アドバイザーごとに設定されていて一律ではない。報酬は基本的には着手金、基本合意報酬ないしは中間金、成功報酬の3つとなっている。

着手金と中間金は、案件の想定される売買金額にもよるが、想定される金額の10%程度が妥当である。金額の想定が難しい場合には、定額での適用となる。契約書にも明記のとおり、案件が成約した場合には、

資料4-1　　「M&Aアドバイザリー契約書」例

　株式会社甲（以下「甲」という。）及び甲の主要株主である乙（以下「乙」という。）は株式会社丙（以下「丙」という）と、次のとおり契約を締結します。
（目　的）
　甲及び乙は、乙とその他株主が所有する甲の株式の第三者への譲渡、乃至は甲の事業の第三者への譲渡乃至は第三者からの甲への出資（以下本件業務という）の実行に関し、専門的な業務（以下「本件業務」という）を行うことを丙に委託し、丙はこれを受託するものとします。
（本件業務の範囲）
　本件業務の目的を達成するための本件業務の範囲は以下の各号のとおりとします。
　　1．必要な情報の収集・調査及び資料の作成
　　2．基本スキームの立案
　　3．実務手続き上の助言および打ち合わせのスケジューリング
　　4．相手先との打ち合わせの場での立会いおよび助言
　　5．必要な専門家のアレンジ
　　6．必要な契約書等の草案の作成
　　7．必要な買収調査の立会いおよび助言
　　8．その他、進捗状況に応じ必要なサービスの提供
（報酬）
　1．着手金
　2．本合意契約報酬ないしは中間金
　　なお、着手金、中間金ともに、理由の如何を問わず返還されませんが、本件M&Aが成約した場合は成功報酬に含めるものとします。
　3．成功報酬
（実費の負担）
　本契約の目的達成の成否に拘わらず、丙が本件業務の遂行上必要とする実費は、乙丙が事前協議のうえ、丙の請求の都度乙はこれを支払うものとします。なお、この実費には本契約の目的達成のために丙が委任した専門家に支払う費用を含むものとします。
（秘密保持）
　甲および丙は、本契約に先立ち平成　年　月　日付で甲と丙の間で締結した秘密保持契約（以下「秘密保持契約」という。）を遵守し、相手方から開示された本件譲渡に関する情報を機密に取り扱うものとし、本件契約遂行目的以外に使用してはならないものとします。なお、情報とは秘密保持契約に定める情報をいうものとします。
（直接交渉の禁止）
　甲及び乙は丙の事前の承諾なく本件M&Aの推進を目的として、候補先またはその関係者並びにその代理人と直接接触しまたは交渉してはならないものとします。
（有効期間）
　本契約の有効期間は、本契約締結日より1年間とし、有効期間満了の2ヶ月前までに何れの当事者からも解約の申し出がない場合には、1年間延長し、以後も同様とします。ただし、有効期間満了の日においてもなお候補先との間で本件M&Aに関する交渉が継続中の場合は、当該交渉が終了するまで延長するものとします。
　前項により本契約が終了した場合といえども、秘密保持および期間後の成立に定める義務は、本契約終了後2年間は存続するものとします。
（期間後の成立）
　本契約の有効期間満了後2年以内に、丙が紹介した候補先との間で本件M&Aが第三者の関与による場合も含め成立した場合には、本契約に基づく丙の仲介者としての業務の成果により当該契約が成立したものとみなし、丙は乙に対し、本契約に定める成功報酬を請求することとし、乙はこれを支払うものとします。
（契約違反条項）
（免責条項）
（未規定事項）
　本契約に定めなき事項または本件業務遂行中に疑義が生じたときは、甲乙丙は誠意をもって協議決定するものとする。

着手金、中間金共に成功報酬に含められる。

　成功報酬は、依頼されたM＆Aが成約したときに受領する。成功報酬の算定の根拠と料率はアドバイザーごとに違っており一律ではない。算定の根拠となる金額としては、取引金額や売り手の総資産が使われ、適用される料率も一律ではない。また、ミニマム（最低）の成功報酬金額を決める場合もあるので、このミニマムの金額は、例えば10百万円とか20百万円とか、具体的な金額で設定しておくべきである。

　成功報酬の考え方で、もう一つ大事なのは、第6章で後述する依頼者自身が相手をすでに見つけている直接ルートで、相手が決まってから依頼する場合と相手先探しから依頼する場合では、適用される報酬の料率や総額を変えるということである。当然、相手が決まってから、手続きや取り進めを依頼される場合の方が、報酬総額は低くすべきで、アドバイザリー契約を締結する前に説明することが重要である。

　中小企業の場合、後継者が不在で、後継者確保のために売却を依頼してくる企業に対しては、適正な成功報酬を適用することが望まれる。一部のM＆A仲介会社や専門会社は、他のアドバイス業務に比較して、相当な高料率、高額の報酬を要求しているケースも見受けられる。

　しかし、金融機関の場合には、社会的使命からしてM＆A業務を単なる"儲けの道具"とすることは厳に慎むべきである。

(ロ) 実費

　実費は、アドバイザーの旅費や交通費のようにアドバイザー自身にかかる費用と、主に弁護士、会計士、税理士、司法書士等の専門家に支払う費用とに分かれる。専門家の費用については、依頼する前にどのような内容の仕事を依頼し、どの程度の金額になるかを依頼者に説明することが必要である。

③ 秘密保持

　秘密の保持については、第6章で詳述するが、M＆A業務を推進する際には、依頼者の秘密厳守が大原則となっている。

(2) アドバイザリー契約の内容

① 目的
株式譲渡と出資を前提としている。

② 本件業務の範囲
アドバイザーの役割を規定しており、内容は後述のとおりである。

③ 報酬、実費の負担
上記で説明のとおりである。

④ 秘密保持
通常は、アドバイザリー契約と同時かそれより前に秘密保持契約書を締結する。

第6章で詳述するが、秘密保持契約書の基本的な内容は資料6章のとおりとなっている。

⑤ 有効期間
期間は1年間で自動更新とするのが通常で、買い手候補先との話し合いが継続の場合は自動延長となる。

⑥ 期間後の成立
依頼を受けて買い手を探す場合には必ず入る条項で、買い手からの依頼で、売り手を探す場合にも同様の条項を入れる。

⑦ 契約違反条項、免責条項、未規定事項
案件ごとに内容は異なるので、契約する前に事前説明が必要である。

(3) 業務の範囲

アドバイザーの主な役割は本章第4節のとおりであるが、契約書上では以下のような業務として規定する。項目は簡記されているが、基本的にはM&Aの進め方に関する全般のアドバイスが業務の範囲となる。番号は資料4-1の「アドバイザリー契約書」例上の（本件業務の範囲）

と一致させている。

1. 必要な情報の収集・調査及び資料の作成
・税務や法務、各種法定書類に関する調査や情報を収集。
・買い手候補先へ提供する資料や質問に関する回答の準備を支援。

2. 基本スキームの立案
・売り手の希望と事業の状況を併せて検討したうえで、株式譲渡か事業譲渡かの売却の形態を決定。
・株式譲渡の場合は、企業価値の概算を算定。事業譲渡の場合は、譲渡対象資産の範囲や金額の概算を算定。
・売り手の希望をよく聞いたうえで、買い手候補先を探す。

3. 実務手続き上の助言および打ち合わせのスケジューリング
・事業や株式の譲渡に関する手続きのアドバイス。
・買い手候補先との打ち合わせの手配。

4. 相手先との打ち合わせの場での立会いおよび助言
・候補先企業との交渉、打ち合わせや協議への立ち会い・アドバイス。

5. 必要な専門家のアレンジ
弁護士、会計士、税理士、社会保険労務士、司法書士等、案件を進めるうえで必要とされる専門家の手配。当該費用は、前述のとおり実費となる。

6. 必要な契約書等の草案の作成
この2点は、本章第4節のアドバイザーの主な役割の内容である。

7. 必要な買収調査の立会いおよび助言
・買い手候補側が実施する買収調査への立会いと書類の準備についてアドバイス。

8. その他、進捗状況に応じ必要なサービスの提供
・1から7に当てはまらない事項への対応。

第5章 M&Aからの業務機会と後継者不在への対応

本章の内容

M＆A業務からの収益機会

M＆A業務からは、アドバイザリー手数料収入、買い手への買収資金の融資、売り手からの資金運用等の、複合的な収益と取引機会が期待できる。

事業承継目的のM＆A

日本のM＆Aでは、件数的には95％以上は未上場企業同士のM＆Aであり、売却の理由に限れば、ほぼ100％が事業の後継者（後継社）確保目的である。会社の売却は、後継者不在企業の最大の経営判断であり、金融機関は、外部のM＆A専門会社に委ねるのではなく、自行内で対応できる体制を構築する使命がある。

M＆A決断への障害

後継者不在企業の経営者が、自社の売却を決断する際に大きなカベと感じている主な点は、適当な売却先が見つからない、公式な売却価格を決めにくい、取引への影響、相談相手がいない、税の負担が大きい、の5点である。

事業承継M＆Aの類型とMBO、EBO

オーナー企業の会社内部での事業承継の場合、経営者の親族への承継と親族外の承継が考えられる。会社内部であっても、親族外への承継では、株価評価が会社外部の第三者への譲渡と同様の扱いとなる。

役員や従業員が、株を取得するとか、事業の一部を買収する場合には、MBO（Management buy-out）、EBO（Employees' buy-out）と称されるが、中小企業の場合には役職員が一体となったMEBOが多い。

第5章　M＆Aからの業務機会と後継者不在への対応

M＆Aの資金調達

（1）M＆Aの形態別の決済方法

　第2章、第3章で説明のとおり、M＆Aは売買取引であり、買収側が代金を支払う、自社の株式を交付することで取引が成立する。不動産を買えば、売り主に購入代金を支払って権利移転するのと同様である。買収代金の支払は、案件が成約したときのM＆Aの出口であり、買収側にとってはM＆A後の成長戦略を実行する入り口になっている。図表5－1は、M＆Aの対価の支払と方法と時期を表している。

① 株式取得の場合

（イ）決済手段

　株式取得のほとんどの場合、支払は現金で、自社株式を対価とするの

図表5－1 M&Aの対価の支払

○ 形態別の M&A 対価

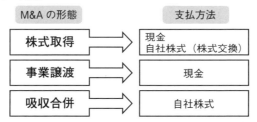

○ 支払方法・時期

		基本合意時		本契約時		後払い
株式取得	原則			全額		
	例外	一部前払い		残額		例外有
事業譲渡	原則			営業権		資産売買時
	例外	一部前払い		残額		資産売買時
合併						株式交付

107

は例外と考えてよい。株式交換は、制度的には認められているが、交換できる株式額の上限が決められている、あるいは未上場株式ではまず売り手側が受け取らないなど、支払方法として制限や制約がある。このため、株式交換が活用されるケースとしては、上場会社が子会社を完全子会社化する場合などに限定されてきている。

(ロ) 支払時期

支払時期は、正式契約（本契約）時に一括支払が原則となっている。例外的には、基本合意書や覚書の締結時に、売り手側の求めや買収側がM＆Aを確実なものとしたいとの意向から、売買額の10％程度を前払い金として支払う場合がある。

また、売り手の事業の継続に許認可等が大きく影響する業種では、許認可が変更されるとか、許認可の条件として株主の変更が認められた場合に、代金の一部を後払いすることが稀にある。後払いの場合、対価の支払が確実であることを証明するために、買収側が弁護士や金融機関に残金相当額を預託するのが通例である。

② 事業譲渡の場合

(イ) 決済手段

事業譲渡の場合は、対価は現金での支払となる。事業譲渡は、株式を売買するのではなく、売り手側の無形資産である営業権と、有形資産である在庫や機械設備類を、買収側と売り手側の法人間で、売買する取引となっているためである。

事業の譲渡に伴い、買収側が、売り手の仕入債務や売上債権を承継する場合には、実務的には、債権と債務の差額を現金で精算することが原則となっている。

(ロ) 支払時期

支払時期については、原則は、本契約時に営業権とその時に売買できる在庫や機械設備等の代金を支払い、移転登記が必要な不動産等については、別途売買契約を交わして後日に決済する。

例外的には、株式譲渡と同様に取引を確実にするという趣旨から、基本合意時に前払い金を支払い、本契約時に営業権や流動資産と機械設備等の残金を決済し、後日、移転登記の必要な資産について売買時に決済する。

③ 吸収合併の場合

（イ）決済手段

本契約時に契約書で取り決める比率（合併比率）によって、本契約締結後、買収側はすみやかに自社の株式と吸収合併側の株式を交換する。

（ロ）支払時期

現金決済が原則となっている株式取得や事業譲渡のように、前渡し金や後日払いをすることはない。

(2) 買収資金の調達方法

前節のように、株式交換や合併を除いては、Ｍ＆Ａの対価の支払は、現金での支払が原則である。つまり、Ｍ＆Ａの取引を完了させるには、買収側は現金を用意する必要がある。

家計の場合、現金や預金を増やす方法としては、収入から貯蓄する、借金をする、過去に買っていた株や債券を売却する等がある。企業の場合にも、似通ったところがあり、図表5-2のような方法で、資金を調達する（＝現金や預金の残高を増加させる）。これには、①負債を増やす、②資本を増やす、③資産を換金する、の3つの方法がある。

① 負債を増やす（DEBT）

負債を増やして資金を調達する場合には、DEBT（デット）での調達と言い換える場合がある。方法としては、図表5-2①ように借入金と社債での調達がある。

企業の借入金の出し手は銀行が主で、通常は、借入期間が1年以内の場合は短期借入れ、1年以上5年以内を長期借入れ、5年を超えると文

図表 5−2 買収資金の調達スキーム

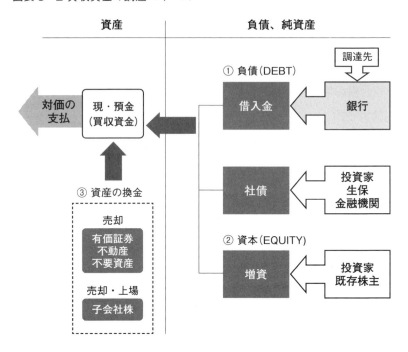

字通り超長期借入れと、借入れの期間によって分類されている。

　社債は、企業が債券、いわば借用書を発行し、通常は証券会社に事務手続きを委託して、投資家や生命保険、金融機関等から、直接資金を調達することである。

　銀行からの借入金は、元金を分割返済する必要があるが、社債の場合、元金は、債券の期限、例えば5年後に一括で返済する。この点が、銀行借入れと社債の大きな違いで、社債は返済を気にせずにその期限まで資金を使えることになる。社債には、期限内で一定の条件を満たせば、社債の発行会社の株式に転換できる転換社債（新株予約権付社債）もある。

② **資本を増やす（EQUITY）**

　資本を増やして資金を調達する場合には、EQUITY（エクイティ）での調達と言い換える。負債での資金の調達との大きな違いは、負債は

返す（出し手に返済する）必要があるが、資本は返済の必要がないということで、いわば企業にとっては安定的な資金調達である。

反面、資本は返済する必要がない代わりに、株主数が増える、あるいは既存株主の持株数が増えることにより、株主からの経営への発言権が強くなり、経営陣への注文が増えることもあり、経営の自由度が狭まることにつながりかねない。

③ 資産の換金

もう一つの資金調達方法としては、資産の換金がある。これは、借入れや増資と違って、企業が従来から持っている資産を売却して現金に換えることを意味する。

よくあるのは、メーカー等が不要になった工場敷地、株式やゴルフ場会員権等を売却して換金するケースである。また、上場企業の場合、優良な子会社を上場して資金化、あるいは事業の再編目的で子会社を売却して資金化するといった、子会社株式を換金するケースがある。いずれにしても、換金ができる資産は、市場性のある優良な資産といえる。

④ 企業の資金調達力とは

買収側に求められる条件の一つとして、高い資金調達力が挙げられる（第6章第1節参照）。企業の資金調達法は前述の3通りで、高い資金調達力とは、この3つの手法の使える範囲が広く、かつ量が多いことを意味する。

とくに、負債を増加させる、あるいは資本を増加させるには、それぞれの出し手から高い信用と信頼を得ていることが基本となる。企業にとっての外部の経営資源、とくに資金を活用するには、出し手からの大きな信頼、信用と確かな契約が必要である。

また、資産を換金するには、その前提として換金できる資産を保有しているということである。市場性が高く、優良な資産の形成は短期間ではまず不可能であり、過去の長期間にわたる経営の努力の成果、果実がものをいうことになる。

(3) 買収資金の調達の組合せ

買収資金の元になる企業の資金調達方法は前述のとおりであるが、実際の買収の場合、これらを組み合わせて調達することになる。この資金調達法の主な組合せは、以下のとおりである（図表5-3参照）。

① 案件対処型

これは、例えば、「ある企業が成長戦略M&Aを計画していたところ、条件に合う売却案件が持ち込まれ、3ヵ月程の短い検討期間の後に買収を実行した」、というような緊急性が高い場合の資金調達法で、現金と短期の借入れが主となる。「普段からある程度の現預金は保有しているが、全額をM&Aの支払につぎ込むわけにいかない」というような場合もこれに該当する。

増資、社債の発行、長期借入れでの調達では、手続きに時間がかかり、迅速な決断が必要とされるM&A案件の資金決済には間に合わないことが多い。図表5-3の「案件対処型」の例は、30億円は手元現金で、残りの70億円をとりあえず短期の借入れで賄い、買収後に長期借入れや社債に借り換えて、安定資金を確保する場合であるが、こうしたケースも多い。

図表5-3 資金調達法の組合せ

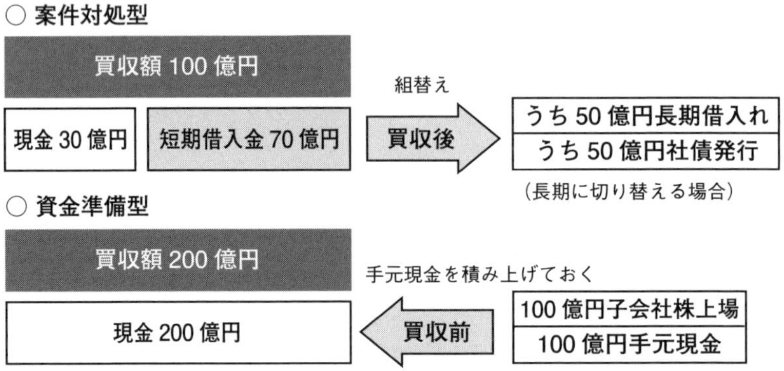

○ 案件対処型

買収額 100 億円		
現金 30 億円	短期借入金 70 億円	

組替え　買収後 → うち 50 億円長期借入れ／うち 50 億円社債発行
（長期に切り替える場合）

○ 資金準備型

買収額 200 億円
現金 200 億円

手元現金を積み上げておく
← 買収前　100 億円子会社株上場／100 億円手元現金

② **事前準備型**

案件対処型とは異なり、「買収対象企業をかなり明確にしたうえで、あらかじめ買収資金を準備し、M＆A成長戦略を進めていく」、といったような場合が該当する。

社債の発行や増資をする場合、調達した資金の使途が設備投資や不動産取得等ある程度限定される。そのため、この場合の資金調達方法としては、利益を積み上げ手元現金を厚くしておくとか、所有資産や子会社株を換金して現預金を積み上げておくのが一般的である。

（4）M＆Aの目的別の調達方法

買収資金を増資や資産の処分で賄うのではなく、借入れや社債で賄う場合、返済までの期間を十分検討しておく必要がある。案件対処型のように、取りあえずは短期の借入れで調達しても、買収資金が嵩む場合には、通常はM＆Aの実行後に、より返済期間の長い調達に切り替えていく必要がある（図表5-3「案件対処型」参照）。

図表5-4の縦軸は、M＆Aの目的（狙い）を表し、横軸はM＆Aの

図表5-4 買収目的と資金の調達（返済）期間のイメージ

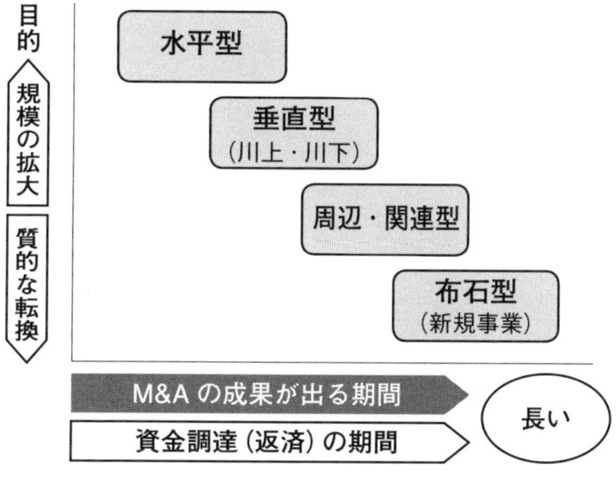

目的
規模の拡大　　水平型
　　　　　　　　垂直型
　　　　　　　（川上・川下）
　　　　　　　　　周辺・関連型
質的な転換　　　　　布石型
　　　　　　　　　　（新規事業）

M＆Aの成果が出る期間　　長い
資金調達（返済）の期間

成果が出ると目される期間の長さ、調達した資金の返済期間の長さをイメージしている。

① 同業他社を買収する水平型では、手慣れた本業の規模の拡大が狙いで、成果は早めに出ることが見込める。
② 川上、川下への進出を狙った垂直型や周辺・関連事業への進出が目的の場合には、成果が出始めるのは、水平型よりも遅くなると考えられる。
③ 将来への布石を打つ新規事業への進出では、常識的に考えれば、成果が出るのはより遅くなるし、最悪の場合には成果が出ないこともありうる。

もちろん、案件ごとに成果の出方や出る時期は一律ではないが、実務的には以上のようなM&Aの目的に応じて、調達資金の返済期間が長い短いを決める必要がある。

2 M&Aからの収益と業務機会

図表5-5は、M&A業務から期待できる金融機関の収益と業務機会を表している。図表のとおり、M&Aからの業務機会は単一ではなく、通常は次のような複数の取引機会が期待できる。

図表5-5 M&A業務の収益と業務機会

	売り手			買い手		
	手数料	融資	運用	手数料	融資	運用
株式譲渡	○	×	○	○	○	×
事業譲渡	○	△	○	○	○	×
MBO	○	×	○	○	○	×

1 手数料：M&Aのアドバイザリー報酬
2 融　資：売り手には転業資金、買い手には買収資金
3 運　用：譲渡代金の預金、投資信託等での運用

（1）収益、業務機会

① 手数料（M＆Aアドバイザリー・フィー）

　ここでいう手数料（M＆Aアドバイザリー・フィー）とは、M＆Aについて仲介・アドバスすることにより、売り手や買い手から受領する成功報酬（アドバイザリー・フィー）である。報酬の体系や適用する料率については、第4章で記述したとおり、取引額に一定料率をかけるか、あるいは定額で受領する手数料収入である。

② 融資

・売り手企業へは、事業を売却することによって転業する場合に、転業の資金や所有不動産を活用したアパート・ローン等を融資する。
・買い手に対しては、売り手の株式や事業の買収資金と売り手側の経営者の退職金に必要な資金を融資する。

③ 運用

　株式や事業を譲渡した売り手側からは、売却代金の預金や投資信託での運用が期待できる。

（2）株式譲渡M＆Aの融資

　図表5-6は、株式譲渡のM＆Aの場合に期待できる融資の流れを表している。

① 買収資金に対する融資

　買収資金は、売り手企業からの株式取得資金に充当するもので、買い手側はM＆Aの本契約前に資金を準備する必要があるため、融資は本契約前に実行する。

　買収資金の融資額については、買収金額を基本として、通常融資と同様に、まず、買い手企業の手元現金の残高や返済能力を見る必要がある。M＆A場合には、それに加えて買収される企業（＝売り手企業）の内容

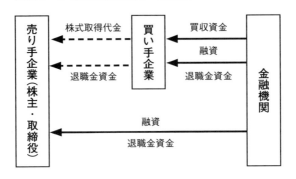

図表5-6 株式譲渡M&Aへの融資

や資産状況も評価して決定することになる。買収される企業（＝売り手企業）の収益力や資産内容が良好であれば、ある程度買い手企業の返済能力との合算で返済能力を見ることが必要である。

株式に対する対価の支払は、前述のとおり、稀に手付金と残額の決済を2分割とする場合があり（本章第1節(1)①(ロ)参照）、それに応じて融資も2度に分けて実行する場合がある。

② **退職金の支払資金に対する融資**

株式譲渡のM＆Aの場合、通常、M＆Aの成約後に売り手側の役員が退職することが多い。業歴が長く、社長や役員の在籍期間が長い場合には、退職慰労金の額が嵩むことになる。

この慰労金の融資の方法としては2通りあり、図表のように、①株式取得で親会社となる買い手側企業に融資を実行し、子会社となる売り手企業に親子貸付けをする方法と、②親会社の保証で、子会社に直接貸し付ける方法とがある。

(3) 事業譲渡代金の融資

図表5-7は、事業譲渡M＆Aの場合に期待できる融資の流れを表している。

図表5−7 事業譲渡M&Aへの融資

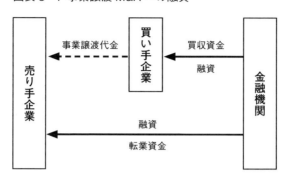

① **買収資金に対する融資**

　買収資金は、売り手企業へ支払う事業譲渡代金に充当するもので、株式譲渡Ｍ＆Ａと同様に、融資は本契約前に実行する。

　買収の対象となるのは、事業を継続していくのに必要な、無形固定資産の営業権、在庫や機械設備、場合によっては売り手側の土地・建物等の固定資産である。なお、売り手の債権・債務を継承する場合で、債権額が債務の額を上回る場合には、その差額を売り手側に支払う必要がある。

　したがって、融資額については、譲渡対象となる資産総額と債権・債務の差額を基本として、買い手企業の手元現金の残高や返済能力を加味して決定することになる。

　株式譲渡Ｍ＆Ａの場合、売り手企業から取得した株式は一括で投資勘定に計上されるので、見合いの融資は通常は長期で一括となる。それに対して事業譲渡の場合、譲り受ける資産の内容が流動性資産と有形固定資産、それに無形固定資産の営業権となるので、融資の期間としては短期と長期を組み合わせる必要がある。

　事業譲渡に対する対価の支払は、稀に手付金と残額の決済の２分割とする場合があり（本章第１節(1)②(ロ)参照）、それに応じて融資も２度に分けて実行する場合がある。

② **転業資金の融資**

　事業譲渡M＆Aを活用する場合、売り手側が事業は譲渡するが、不動産は残して活用することがある。

　中小企業の場合、例えば、工場などの建物は会社名義であるが、底地は経営者の個人所有の土地となっているケースがある。こうした場合、事業は他社に譲渡するが、底地は経営者個人の所有として残しておくことがよくある。つまり、オーナー経営者に事業の後継者はいないが、個人資産の相続人（後継者とならない子等）がいる場合がこれに当たる。

　この場合、不動産の活用と相続対策を兼ねて、収益物件を建設することが多いので、事業譲渡の案件に絡むことにより、売り手側からの転業の資金の融資のネタともなる。

3　事業承継目的のM＆A

（1）事業承継目的M＆Aへの対応力を高める

① 後継者不在とM＆A

　日本国内のM＆Aで、上場企業が関係するM＆Aを除けば、件数的には95％近くは未上場企業同士のM＆Aであり、売り手だけに限れば99％近くは未上場企業である。売却の目的は第1章第4節のとおりであるが、再生や事業再編の目的を除けば、売却理由のほぼ100％近くは後継者不在が主な理由と考えて間違いはない。

　後継者不在の企業を含め、すべての企業は必ず金融機関との取引関係があり、日常の取引を通じて金融機関への信頼感も厚い。また、上場企業が売り手となるM＆Aに地域金融機関が関わることは皆無に等しい。したがって、地域金融機関が関わるM＆A業務のほぼ100％が、後継者

不在の企業が売り手となるM&Aであるといえよう。

② 地域金融機関の使命

　金融機関がM&A業務から享受できるメリットは第4章第2節のとおりであるが、それ以前に、地域金融機関は、業務を通じて、地域社会から日本経済に貢献していくという大きな社会的使命を担っている。

　この観点からすれば、後継者不在企業がM&Aで売却を決断した場合、単に自行においてM&Aの態勢が整備されていないことを理由に、外部のM&A専門会社に売り案件として委託することは、そうした社会的使命を果たしていないことにもなりかねない。地域金融機関としては、後継者不在となる背景をよく理解したうえで、その有効な解決策として事業承継目的のM&Aに積極的に取り組む必要がある。

(2) 事業承継の類型とその変化

① 事業承継の類型は7通り

　中小企業における事業承継の類型とそのイメージは、図表5-8、図表5-9のとおりである。

　事業承継には、経営者という地位の承継と株式や事業実体という所有の承継という2つの要素がある。これを、誰に、何を、どのように承継

図表5-8 事業承継の類型

会社との関係	経営（地位）の承継者		移転や譲渡の対象		評価方法
	血縁関係		株式	事業	
内部承継型	親族	親族	有	無	原則的評価
	親族外	従業員の登用	無	無	―
		MBO（役員）	有	有	時価
		EBO（従業員）	有	有	時価
外部承継型		第三者（株式譲渡）	有	無	時価
		第三者（事業譲渡）	無	有	時価
		経営者を招請	無	無	―

図表5-9 事業承継のイメージ

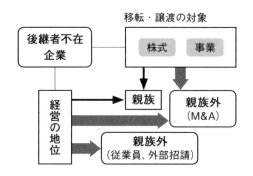

していくのかで、図表の7通りに分けることができる。

② 増加する親族外への承継

　数年前の中小企業庁の調査によれば、図表の一番上の親族による承継は、20年以上前は事業承継全体の94％であったが、4～5年前には62％にまで低下している。その一方、表の上から2番目以下の親族外への承継は、20年以上前の6.4％から4～5年前には38％と約6倍へと大幅に増加している。

　ただ、最近のデータでは、親族外への外部承継である中小企業のM＆Aが6倍までは伸びてはいないので、従業員の昇格や外部からの招請による親族外の経営の継承が増加しているものと推測される。

　このような、親族外による経営の地位の継承だけでは、会社の所有権の移転と一体となった事業承継問題が根本的に解決することはないので、当該企業にとって事業承継の問題は続かざるをえなくなる。

（3）事業承継の類型

① 内部承継型と外部承継型

　自社を軸に見た場合に、承継先として、自社の内部で承継する場合と外部関係者に承継する場合に分けられる。血縁関係の観点から見れば、

内部継承も親族と親族外に分類され、親族と親族外の違いは次の所有の移転や譲渡の場合に大きな違いとなって表れる。

② 株式と事業実体の承継

ほとんどの中小企業は、経営と所有（＝株式の保有）とが一致しており、内部承継において親族内で承継する場合には、経営と株式を同時に承継するのが通例となっている。

会社内部で従業員を経営者に登用する場合と外部から経営者を招請する場合には、経営の地位の承継するのみであり、株式や事業実体の移転や譲渡は発生しない。多くの場合、親族内で経営者にふさわしい人物が育つまで、一時的に従業員や外部者がつなぎ的な役割で経営することになる。

③ 事業の実体のみの譲渡──事業譲渡

株式の移転や譲渡のみが所有の承継と思われがちだが、親族外の事業承継の場合には事業譲渡の手法により、事業の実体だけを譲渡する手法もある。株式の移転や譲渡は、会社全体を承継することになるが、事業譲渡は事業を会社の所有権とは分離した形で承継することになる。

事業譲渡の手続きについては、第7章で詳述するが、この手法を採ることにより事業承継の選択肢が広くなる。例えば、会社自体に累損がある場合でも事業自体に魅力があれば、事業を第三者に承継することが可能となる。また、自社の中に、複数の事業がある場合に事業を選別して承継することも可能で、会社が所有している不動産を分離して承継したい場合にも活用ができる。さらに、支店や支社などのように複数の地点で展開している事業を、拠点単位で別個に承継することも可能となる。

④ 株価評価や事業の対価

親族外の役員や従業員が事業を承継する場合は、株式の譲渡価額や事業を譲渡する対価は、外部の第三者への承継とまったく同じ基準が適用される。株価評価に事業承継の特例が適用されるのは、原則として親族内での承継のみで、いかに、古参の役員や従業員といえども、株価の評

価に関しては、相続の概念は適用されない。

つまり、親族外の内部承継と外部承継の際には、株式や事業は時価で取引することが原則となる。

(4) Ｍ＆Ａ決断への障害

① 経営者の思い込み

事業承継が目的のＭ＆Ａを考えてはみるが、決断できない会社のなかには、家族だけの経営で、会社の規模があまりにも小さいとか、深刻な債務超過の状態でとても引き受け手がいない、といった事情が考えられる。

また、経営者が、業種的に引き受け手がいないだろうとか、先行きの見通しがたたないので会社が清算できるうちに清算してしまおうと、自身を納得させてしまってＭ＆Ａに進まない場合もある。

② Ｍ＆Ａに対する理解不足

これらの理由や背景以外に、中小企業の経営者のＭ＆Ａに対する理解不足も、事業承継目的のＭ＆Ａが進まない大きな理由となっている。少し前になるが、06年に東京商工会議所が行った調査では、後継者のいない経営者達が、事業承継Ｍ＆Ａに踏み切るときに、感じたり考えたりする大きなカベは図表5-10の5点となっている（複数回答の結果）。

対象数の多い東京での調査であることを考慮すれば、ここに挙げられている項目や比率は、現在でも平均的な中小企業が抱えている悩みと考

図表5-10 事業承継M&Aのカベ

理由	比率（％）
①適当な売却先を見つけるのが難しい	67.3
②公式な売却価格を決定しづらい	41.1
③身売りの噂が流れ取引に影響が出るおそれ	35.8
④相談相手がいない	14.9
⑤税の負担が大きい	12.1

えても大きな違いはないであろう。

　つまり、外部への事業の承継の方法としてM&Aがあるのは知っているが、自身が決断し実行するのにはあまりにもハードルが高いと感じている、ことを表している。言い換えれば、M&Aは自社とは無縁のものと考えているといえる。

（5）障害となっている理由や背景

　図表5-10の項目が事業承継目的のM&Aへの決断の障害となっている理由や背景はおおむね以下のとおりとなっている。

① 適当な売却先を見つけるのが難しい

　最近は、多くの経営者にとって、自分の会社を売ることに対する、抵抗感が薄れてきている。実務上の経験では、2代目、3代目より、創業したオーナー経営者の方が、会社を売却することへの抵抗感が薄いようである。なぜなら、創業者の場合は、自分で始めた事業であり、ある意味で、後始末を着けるのは自分の役目、と心得ている経営者が多いからである。

　これに比べ、2代目以降の経営者は、親、先祖から受け継いだ会社や事業であり、自分自身が最後の整理をするのは申し訳ないと躊躇する心理が強いようである。これは、土地に関して「先祖伝来の土地を売るのは申し訳ない」という心理が働き土地を売り渋るのと似通った点があるように思われる。

　こういった心理的な要因は別にして、ほとんどの経営者は自分の会社を売った経験がないので、判断するための情報量が不足しているとか、いざ売却を決めても果たして売れるのかと不安な気持ちを表しているのであろう。

② 公式な売却価格を決定しづらい

　中小企業の株は、市場において時価で売買されることがないため、経

営者がその時価を意識するのは、せいぜい中小企業投資育成や取引の関連がある会社にマイナーな出資をしてもらう場合に限られている。このような場合、経営権を支配されるような出資比率にはならないので、M＆Aの場合とはかなり違った時価が適用される。

また、会社によっては、相続を意識して、定期的に相続税評価や原則的な評価を出しているが、これらの評価もやはりM＆Aで適用される時価とは一致しない。

したがって、外部への承継策としてM＆Aを考える経営者が、売却価格の基本となる自社の価値や株価について、決めかねるのは無理のないことである。

この点については、第8章で基本的な算定方式や未上場株の事業承継における売買価額の決定方法について詳述する。

③ 身売りの噂が流れ取引に影響が出るおそれ

高度経済成長時代には、会社を売るというのは身売りと思われ、経営不振か経営破綻というマイナスイメージがあった。このイメージは、M＆Aという言葉が知られるにつれて、かなり払拭はされてきたが、まだ多くの経営者の心理に根深く残っているようだ。

第7章で触れるが、会社の円滑な経営には、外部の利害関係者（ステーク・ホルダー）との間での信用の維持や確保は必須の最重要な事項である。事業承継目的のM＆Aの取り組みが、外部から「身売り＝経営不振」というイメージで見られて、今までに築いた信用が損なわれ取引に支障が出る事態だけは、何としても避けたい、という経営者心理は十分に理解できる。

M＆Aを進めていくうえで、このような売り手の危惧や懸念を和らげるための、秘密を保持するための方策や考え方については第6章で詳述する。

④ 相談相手がいない

これは、第4章第3節で詳述したとおりで、本来は金融機関がアドバ

イザーとして最も期待される点でもある。

⑤ 税の負担が大きい

　親族内での事業承継の場合は、過去に税金面でさまざまな対策や特典が整備されてきて、自社株を親族内で移転する際には、主に譲渡に際してかかる税金の"繰延べ"が可能となっている。

　これに対して、事業承継目的M＆Aの場合は、親族外の第三者との時価での取引が前提となるので、株や資産の譲渡益が発生した場合には課税の対象となる。また、M＆A取引の場合、本章第1節で詳述したとおり、譲渡の対価が現金での支払となるので、課税の繰延べもできない。

　しかし、売り手側から見れば、親族への株式や資産の移転に比べ、一見税負担が大きく見えるが、課税関係はM＆Aで外部に承継をしたことにより終了する。親族への自社株の承継は、承継した時点で課税が発生しなくても、免税措置を受けたわけではないので、将来発生する税金分まで承継していることになる。

　したがって、M＆Aによる承継は、将来的な経営の問題と税金の問題も一挙に解決する手段と考えたほうが妥当である。

（6）事業承継目的のM＆Aのメリット

① 売り手も買い手も事業を承継することが目的

　売却の背景や理由から見た場合、未上場企業のM＆Aのほぼ100％は事業の外部への承継が目的である。そして、買い手の目的も売り手の事業を引き継ぐことが目的となっている。

　これは、①未上場の株式は非公開で市場性がないので、いかに資金が潤沢な企業や個人であっても、利ざや稼ぎの投資目的で中小企業の株式を取得することや、②いかに優良で誰もが欲しがるような会社であっても、その会社の経営者と株主の意思を無視して、第三者が勝手に株式を買収するということはありえないからである。

② **親族外が事業を承継するメリット**

非上場企業のＭ＆Ａは、まず事業承継を目的とするが、Ｍ＆Ａにより親族外に事業を承継する場合のメリットとしては以下の点が挙げられる。

（イ）後継者を広く外部から探せる

内部承継型のように、親族や社内という限られた範囲内での後継者探しではなく、広く外部に事業の承継先を募れるので、最適の後継者（後継社）を確保できる可能性が高くなる。

（ロ）会社や事業の存続に有効な方法

買い手の目的は売り手の事業を活用することなので、ほとんどの場合、承継した事業を現状維持するだけでなく、それ以上に活性化させ、拡大させていくために、Ｍ＆Ａ後には相応の投資を実行する。これにより、会社や事業がよりよい方向に発展する可能性が高まり、単なる事業の継続だけではなく、従業員の待遇の改善や、仕入先、得意先との取引の増加につながっていく。

（ハ）経済的な効果

非上場の自社の株式を保有するオーナー経営者や家族にとって、Ｍ＆Ａは、これを時価で換金する唯一に近い手段となる。

むろん、相続対策としてオーナー経営者が保有する株式を家族や親族へ移転することは可能である。しかし、この場合、株式を引き受ける側に資金力の問題があって、通常は現金を伴わない移転、あるいは時価よりはかなり低い原則的な評価額での譲渡になるため、オーナー経営者にとって、これらの移転や譲渡による経済的なメリットがほとんどない。

事業承継目的でのＭ＆Ａは、オーナー経営者の退職の機会ともなるので、相応の退職金を受け取れるメリットもある（第２章第４節参照）。

（7）事業承継Ｍ＆Ａの形態

Ｍ＆Ａは企業の買収と合併であり、主な形態としては株式取得、事業

譲渡、合併、会社分割が挙げられる（第３章第３節(2)参照）。

　未上場企業のＭ＆Ａのほとんどは、売り手である後継者不在企業から見れば株式の譲渡、事業を継承する買い手企業から見れば株式の取得の形態である。これに、後述の事業譲渡の形態を加えれば、事業承継Ｍ＆Ａの100％近くの取引形態となるので、未上場企業の場合には、合併と会社分割は極めて例外的な形態と考えて差し支えない。

4 MBO、MEBOによる内部での承継

　以下では、一番身近な事業の売却先である、役員や従業員への事業承継のためのＭ＆Ａの考え方と事例を解説する。

（1）MBOとは

① 非上場化を目指すのが本来のMBO

　ＭＢＯは Management Buy-out の略称で、元々は米国で株式公開企業の経営者がその企業の経営権を取得するために、株式の全部ないしは一部を買収し、買収後に非上場化（Going private）する目的のＭ＆Ａを表している。資金調達の面から見れば、Ｍ＆Ａの対象となる会社の収益力を担保にして、投資家からの出資や金融機関からの借入れで投資資金を調達するＬＢＯ（Leveraged Buy-out）の一形態となっている。

　最近は、日本でも上場企業が非上場化するのに活用することが増えていて、05年から11年の７年間で83社が上場を廃止した。また、後継者不在のオーナー企業の事業継承策の一つとしても普及してきている。

② MBOとM＆A

　ＭＢＯと通常のＭ＆Ａの違いは買い手側の構成にあり、ＭＢＯの場合

は、買収対象となる企業の経営陣が買い手側の中心となって買収を実行し、買収後も経営に当たるという点にある。

　ＭＢＯでの株式の買収資金は、買い手の出資と通常は銀行からの借入れで賄われるが、買収金額が大きくなれば投資ファンド等も共同で出資するケースもある。形態としては、Ｍ＆Ａにおける株式の取得または事業譲渡の形態を採る。

(2) ＥＢＯとは

　ＥＢＯ（Employees' Buy-out）は、Ｍ＆Ａの手法としてはＭＢＯと同様の内容や手続きを取る。ＭＢＯとの違いは、ＭＢＯは役員が買い手側の中心になるが、ＥＢＯの場合には、非役員の部門長や従業員が中心となって株式や事業を買収する点にある。

　ただし、実際には、従業員だけでＭ＆Ａの手続きを進める純粋なＥＢＯは稀で、通常は役員と従業員が共同して株式や事業を買収する、いわばＭＥＢＯ（Management and Employees' Buy-out）の形態を採る。

(3) 中小企業におけるＭＢＯ

① 親族外への承継

　会社内部での売却という表現はなじみにくいかもしれないが、会社内部の役員や社員は、経営者との人的なつながりでは会社の内部関係者となる（図表5-8参照）。しかし、株式や事業の実態を承継する場合、経営者の親族とはまったく異なり、外部の第三者と同じようにＭ＆Ａ同様の"売買取引"によって承継する必要がある。

　すなわち、売買によって、親族外役員や従業員が会社や事業を承継する場合、株式や資産の評価は、外部の第三者へ売却する場合とまったく同じで、時価での評価が適用される。株式の売却（移転）で原則的な評

価が適用されるのは、あくまでも自社の内部での親族への株式や事業の承継に限られている。

② MBOとのれん分け

日本におけるMBOは、社内のごく身内での売買を前提としたのれん分け的な意味合いが強く、日本人にもなじみやすい派生的なM&Aの方式だといえる。

MBO、EBOの取引概念は、図表5-11のとおりである。

大手企業の場合には、会社側から見れば特定の事業部門の売却がほとんどで、通常はその事業部門のトップないしは管理者層が主体となって譲り受ける。子会社であれば派遣された経営陣が株式を、社内の事業部

図表5-11 MBO、EBOの取引概念図

1 株式取得：未上場企業の場合

① 株式総額が大きい場合

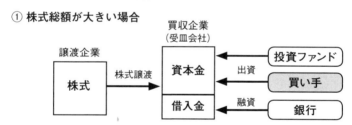

② 株式総額が小さい場合

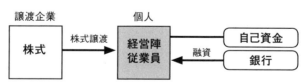

2 部門買収、事業買収（事業譲渡）

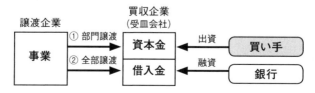

門であれば部門の長が経営をそのまま継続することを前提に事業を譲り受けることになる。

中堅中小の未上場企業では、会社そのものを承継する場合には、株式を譲り受けることになる。生産や販売の拠点を承継する場合には、事業を譲り受ける事業譲渡の手法が採られる。

(4) 中小企業の場合はＭＥＢＯの形態

中小企業の場合、純粋なＭＢＯもＥＢＯも稀で、実際は親族外の役員と社員・従業員が共同して、いわばＭＥＢＯで株式や事業を買い受けるという形態になる。図表5-11では、ＭＥＢＯ（ＭＢＯ、ＥＢＯ）で株式を買い取るケースと事業を譲り受けるケースを例示している。

① 難しく稀なケース──株式総額が小さい場合に個人で株式を取得

例示しているなかで、最も難しくて、稀なケースは、株式総額が小さい場合に、経営陣や従業員が個人で株式を譲り受けるケースである（図表5-11　1②参照）。株式を取得すれば、対象企業の経営権と経営実態がすべて承継できる反面、その会社の負債もすべて引き受けることになる。

このように、株式取得により内部承継型で親族外に承継する場合の難点としては、承継する役員や従業員が、①株式の買取り資金を調達する必要がある、②それに加え銀行からの借入金の保証を強いられる、③法人格をそのまま引き継ぐので資産や負債の選別が難しい、という3点である。

② 身軽な形で事業を再スタート──事業譲渡での承継

それに対し、事業譲渡で承継する場合には、①承継する役員や従業員が退職金で資金調達できる、②承継する事業や事業の拠点が選択できる、③それとともに承継する資産や負債の選択も可能となる、というメリットがある。

つまり、事業承継後の事業継続に必要な資産や負債のみを継承するので、事業の運営や経営とは本来関係のない資産や負債は切り離せて、身軽な形で事業を再スタートできることが可能になる。

(5) MEBOの仕組み

① 資金調達

　MBOの場合、買収資金は、通常は買い手の出資と銀行からの借入れで調達する（図表5-11参照）。出資金は、買収金額が大きくなければ、経営陣の全額出資で賄えるが、買収金額が大きくなる場合は、資金調達力のある投資ファンド等が共同で出資することもある。

　このような投資ファンドとの共同出資の場合でも、MBOが完了した後の経営は、買収対象となった会社の元経営陣が中心を担うことになる。

② 株式取得

　未上場企業の場合は、第7章第7節で後述する株式取得のような実務手順を踏まえて、未公開企業の株式を取得する手続きを取ることになる。

　株式総額が大きい場合には、買収資金を経営陣の出資と銀行からの借入れだけでは賄いきれず、バイアウトと呼ばれるスキームで、投資ファンドからの出資や中期間の融資を受けることもある（図表5-11　1①参照）。また、株式総額が小さい場合には、事業を承継する経営陣や従業員の手持ち資金や銀行からの借入れで、買収資金を調達することになる（図表5-11　1②参照）。

③ 事業譲渡

　上場企業、未上場企業を問わず、事業再編等で特定の事業部門を切り離し、これを事業の部門長等が中心となって事業を継続する場合には、事業譲渡による部門譲渡の手続きとなる（図表5-11　2参照）。

　また、未上場企業の場合、オーナー経営者一族以外の経営陣や役員の部門長が事業部門の一部の譲渡を受けて独立する、いわゆるのれん分け

的なＭＢＯの場合にも事業譲渡の形態をとる。

（6）中小企業のＭＢＯの活用事例

　ＭＢＯとＥＢＯ、それと融合型であるＭＥＢＯの概要は上記のとおりである。以下のＤ社の事例は、ＭＥＢＯの実際の活用事例である。

【Ｄ社の事例──事業縮小とＭＥＢＯの例】

　地方の営業所単位で独立して事業を承継することにより、会社すべての事業が廃業することを回避。

1. 会社の概要

　Ｄ社は関西在の創業60余年の同族会社で、２代目社長は10年ほど前に逝去し、子息が３代目社長を承継。金属用塗料の卸売業で、営業地盤は九州、中国地方、近畿、東京、千葉と広く、顧客には大手の金属加工メーカーも含まれている。経営は、取扱い商品の性格もあり手堅く、事業に関係のない資産は有していない。

2. 事業の現況

（1）顧客筋の生産の海外移転
　当社は、鋼材を扱うメーカーや機械関連のメーカーを中心に販売していたが、2000年代に入り、これらのメーカーが、競争力維持のために海外へ生産拠点を移し始めたことや安価な外国製品の普及により、売上高は減少の一途をたどってきた。とくに、関東と中国地区で大きく落ち込んだ。

（2）自動車業界のコストカットによる利益率の低下
　数年前から始まった自動車業界のコストカットが、当社の顧客筋の収益を大きく圧迫することになり、それに伴うに値下げの要請で、当社の

利益率も漸減の一途をたどってきた。
(3) 従業員の高齢化
　業歴の長い会社として当社も例外ではなく、従業員の高齢化が進み、業績の低下により人件費負担が重くなってきた。
(4) 営業拠点の分散による経費負担
　売上の減少、利益率の低下により出張旅費や社宅等の経費の負担率が重くなってきた。

3．事業撤退と縮小

　業績の悪化に歯止めをかける妙案もなく、体力があり清算ができるうちに廃業も検討したが、一部地域の営業所長から事業の譲り受けの申し出があり、顧客筋の同意も得たことから、一部地域での事業縮小・撤退とＥＢＯに踏み切ることになった。
- 千葉、東京、広島については営業所を閉鎖、従業員は円満退職し、営業は同業他社に引き継いでもらう。
- 関西の本社も塗料業務を閉鎖、別会社で経営している賃貸マンションの経営に専念する。

4．ＭＥＢＯの概要

　九州の２営業所については、それぞれの所長が各々受け皿の法人を設立して、それぞれの地区の事業を承継する。
(1) 取引概要
- 形態は事業譲渡
- 顧客は基本的にそのまま引き継ぐ
- 在庫は新法人が引き取る
- 両営業所の従業員はいったん退職し新設法人で再雇用する。
(2) 取引形態（図表５−１２１参照）
　① Ｐ地区のＳ所長とＫ地区のＭ所長、Ｔ次長に退職金を支払う。

図表5-12 D社のMEBO

1 取引図

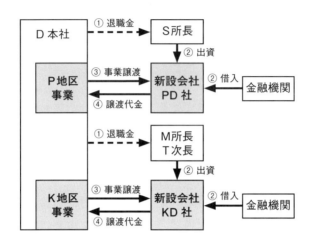

2 PD社の資金調達額、取引金額

（単位：百万円）

○ 資金調達

退職金	S支店長	12
借入金	保証付	30
合計		42

○ 譲渡代金

譲渡資産

流動資産	在庫他	18
固定資産	車両他	2
合計		20

承継債務、債権

債権	賃貸保証金	2
	売掛金	10
債務	買掛金	5
相殺後差額		7

譲渡代金＝譲渡資産の合計＋相殺後差額　27

＊資金調達のうち、15百万円は運転資金に充当

3 KD社の資金調達額、取引金額

（単位：百万円）

○ 資金調達

退職金	S支店長	12
	T次長	8
借入金	保証付	30
合計		50

○ 譲渡代金

譲渡資産

流動資産	在庫他	20
固定資産	車両他	4
合計		24

承継債務、債権

債権	賃貸保証金	3
	売掛金	14
債務	買掛金	8
相殺後差額		9

譲渡代金＝譲渡資産の合計＋相殺後差額　33

＊資金調達のうち、17百万円は運転資金に充当

② それぞれが退職金を出資してPD社とKD社を設立。

　それぞれの新設法人が保証付の借入れを実施。

　資金調達額は次のとおり（図表5-12　2、3参照）。

ＰＤ社：退職金 12 百万円＋借入金 30 百万円＝42 百万円
　　ＫＤ社：退職金 20 百万円＋借入金 30 百万円＝50 百万円
③ Ｄ本社のＰ地区事業とＫ地区事業をそれぞれＰＤ社とＫＤ社に譲渡。事業譲渡の金額は譲渡資産および承継債権・承継債務の差額で、次のとおり（図表５－12　２、３参照）。
　　ＰＤ社：譲渡資産 20 百万円＋承継債権・承継債務の差額 7 百万円＝27 百万円
　　ＫＤ社：譲渡資産 24 百万円＋承継債権・承継債務の差額 9 百万円＝33 百万円
④ ＰＤ社とＫＤ社がＤ社本社に対して譲渡代金を支払う。
　　譲渡代金は上記③の事業譲渡の金額と同額。

5. 事業縮小とＥＢＯによる効果

(1) 本社

　事業整理で約１億円強の退職金等の負担があったが、本社の不動産売却で資金捻出と譲渡益で損金を相殺。事業継続した場合に予想された 40～50 百万円の継続的な赤字からは解放された。

(2) 新会社２社

　営業所として収益はほぼゼロで推移していたが、独立した法人化により、従来の本社経費の負担がなくなったことや、利払いも商品在庫分の金利のみとなり、従来本社の事業用不動産のための借入れに係る約３億円の金利の間接的な負担がなくなり、承継後の１期目から黒字化する。

第Ⅱ部　金融機関におけるM&A業務推進

第6章

顧客の
M&Aニーズへの
対応

本章の内容

M&Aの売り手・買い手の条件

　M&Aの場合、売り手は必ずしも融資やIPO（株式公開）でいう、"よい会社"である必要はない。それよりも、技術や業務面で何か特徴を持っている方が"買いたくなる会社"である。

　買い手に求められる基本的な条件は、事業意欲が旺盛で目利き力がある、人材補強能力がある、資金調達力がある、の3点が主である。

売買ニーズのマッチング

　M&Aで相手を探すのには、直接ルートである自社のルートと、間接的なルートであるアドバイザーを通じるルートの2つがある。M&A業務では、金融機関に対する顧客の適切な相手先探しの期待は大きいので、店舗網を基盤とした売買ニーズの積み上げと整理は重要である。

売買ニーズのヒアリング

　顧客から売買ニーズへの対応には、まずヒアリングするニーズの内容を十分に把握して情報として整理する必要がある。買いニーズの場合には、買収希望対象、時期、金額、資金調達計画を聴取する。売りニーズで相手が決まっていない場合には、売却の背景、会社や事業の現況、売却希望先等を聴取する。

秘密保持の具体策

　M&A業務では、売り手の秘密厳守は最重要の項目である。秘密保持の基本は、情報へアクセスできる関与者を絞る、個別名の暗号化、厳格な資料と情報の管理が必須である。顧客からM&Aアドバイザリー業務の依頼を受けた場合には、守秘義務（秘密保持）契約を締結し、秘密の保持を徹底する。

1 M＆Aでの売り手・買い手の条件

（1）M＆Aでのよい会社
――よい会社と買いたくなる会社の違い

① M＆Aの売り手は売れやすい会社・売れやすい業種とは限らない

　M＆Aの場合、一般的に売れやすい会社・業種があるとよく言われる。確かに、財務面や業績面から見れば、財務内容がよい会社や業績の好調な会社ほど売れやすいと考えられるであろう。また、注目されている業種や成長が期待できる業種も売れやすい業種と考えられる。

　しかし、M＆Aの売り手が、すべてそのような範ちゅうの会社や業種に入っているとは限らない。とくに、後述のような買い手に求められる条件を満たすような会社は、売り手の現状の業績や財務内容を調査して評価するが、そうした評価に極端にこだわることはない。

② 財務内容がよい会社や業績の好調な会社のリスク

　むしろ、最盛期にある会社を買収するのは、これから減退していくというリスクを抱えることにもなりかねない。

　また、自己資本や含み益が厚く、企業価値が高いために、足下の業績に比べて株式評価が高くなりすぎている会社もある。買収を投資の観点から考えれば、株価が実態より高くなっている会社を買収するのは、初期の投資額が嵩むことになり、利回りが低くなるリスクがある。

　さらに、注目されている業種や業界は、当然参入者も多く、競争が激しくなるので、いわゆる高値づかみをして、M＆A後の経営が成功する確率が低くなるおそれもある。

③ 買い手の売り手に対する評価はその一般的評価とはまず一致しない

　図表6-1は、よい会社と買いたくなる会社のイメージを表している。

金融機関の貸金業務や証券会社の株式公開の業務では、よい会社や注目されている業種ほど、取引の対象として相応しいとして考えられるのは当然である。しかし、M&Aの場合には、金融機関の見方や一般的な企業の評価方法と、買い手が売り手を評価する方法や観点が一致することはまずない、と考えても間違いはない。

④ 買いたくなる会社──自社にないものがある会社

少し極端であるが、買い手企業は、自社にはないものを求めて、成長戦略にM&Aを活用する。売り手の事業の継続性が見込めるのであれば、買い手は、自社にはない売り手の人材、ノウハウ、販売先、取引先、技術、営業拠点、製造拠点、等の将来の利益を生み出す源泉となる経営資源に魅力を感じるのである。

つまり、買い手企業にとっては、M&Aで他社の事業を手に入れることによって、自社が現有している経営資源の補完と強化を図ることが大きな狙いとなる。これが、成長の大きな源泉となる開発能力を高め、生産性を向上させることにつながるのである。

図表6-1 M&Aでのよい会社

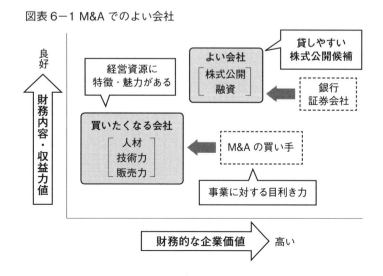

(2) 買い手の資質とその条件

① Ｍ＆Ａ失敗の原因と買い手側の資質

　一般に、「Ｍ＆Ａの半分以上は失敗になることがある」「Ｍ＆Ａの成否は売り手企業の内容次第」といったことが、まことしやかに言われている。確かに、Ｍ＆Ａの失敗の原因として、売り案件の良し悪しの比重は高いであろうが、買い手側企業に必要な資質が備わっていないことが原因の場合もある。

　例えば、「売り手の販売先にだけに目を奪われ、買収するのに手持ち資金のほとんど使ってしまい、必要な追加投資ができなかった」、あるいは「被買収企業には一人しか派遣できなかった」では、よほどの幸運に恵まれないかぎり、Ｍ＆Ａ後の経営の成功はおぼつかない。

　Ｍ＆Ａの成功の要因として、もちろん、売り手の事業の内容や財務内容、業績の良し悪しの比重が大きいのは間違いない。しかし、買い手に問題や課題がある場合もあり、Ｍ＆Ａのニーズはあるものの、いざ実際の案件が出てきた場合に対応しきれないという企業も多い。

② 買い手に求められる条件

　こうした点を踏まえれば、Ｍ＆Ａにおいて買い手に求められる条件として、①事業意欲が旺盛で目利き能力がある、②高い資金調達力、③人材の補強能力、の３点が挙げられる（図表６－２参照）。そして、この３点は、Ｍ＆Ａだけではなく、企業の経営や成長戦略を遂行し、業績を発展させるうえでも、不可欠な能力である。

　どれが最も重要な条件となるかは個々のケースによるが、最低限この３つの条件が備わっていないと、他社の経営をＭ＆Ａによって引き継いで、事業を発展させていくのは難しい。

　また、本章第３節で後述する買い手からのニーズに対応する際には、この３点が当該企業に備わっているかどうかを見極めることも重要である。

図表6-2 買い手の必要条件

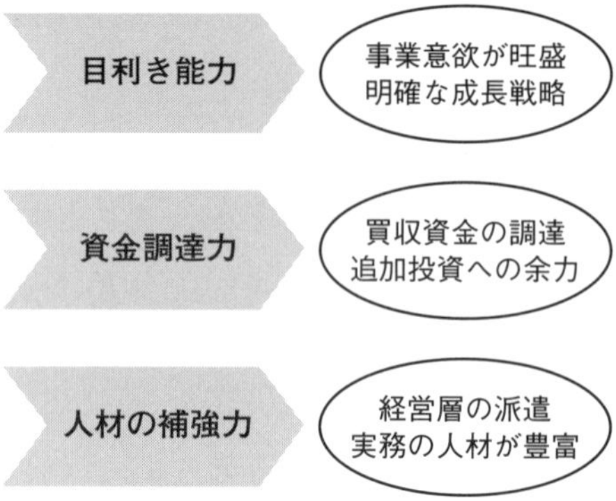

- 目利き能力 → 事業意欲が旺盛　明確な成長戦略
- 資金調達力 → 買収資金の調達　追加投資への余力
- 人材の補強力 → 経営層の派遣　実務の人材が豊富

(3) 買い手に求められる条件①　──事業意欲が旺盛で目利き能力がある

① 事業意欲と目利き能力

　M&Aの場合、事業意欲が旺盛なことが、買い手として最低限の条件であり、それなしにはそもそも案件を検討することすら難しい。加えて、事業の目利き能力も重要である。目利き能力がないと、買収の対象となる事業の評価はもちろん、買収後に経営課題を解決し事業を発展させることが困難になる。

② 目利き能力は不断の努力の結果

　事業の目利き能力は、一朝一夕で備わるものではない。また、企業規模が大きいからといって自動的に備わっているものでもない。規模が小さくても、自社なりの成長戦略を構築し、それに基づいて経営計画を策定して事業を行っていくことと、自社なりの事業ポートフォリオを構築して（第2章参照）、常に事業の改善を図っていくという不断の努力の結果として備わるものである。

(4) 買い手に求められる条件②
——高い資金調達力

① 「よい会社」には資金は出るが……

買い手側には、株式譲渡や事業譲渡の代金のように、初期投資としての買収資金が必要である。

前述のように、M＆Aではよい会社と買いたくなる会社は、必ずしも一致しない。世間一般でいう「よい会社」とは、銀行好み、証券会社好みの会社ともいえ、融資したくなる会社、株式を公開したくなる会社、つまり売上が伸びている、利益が上がっている、金融的に見て申し分のない会社を意味する。こうした会社が売り手であれば、金融機関は買収資金を出しやすいが、こうした会社が売り手になることはほとんどない。

② 売り手が普通の会社の場合

普通の会社は、事業資金を金融機関からの借入れに頼っている場合がほとんどで、M＆Aで売り手となる企業の多くも普通の会社が占めている。つまり、こうした普通の会社を買収する場合、銀行が躊躇することなく買収資金を出してくれることはない。そのため、普通の会社を買収する場合、「買収資金のすべてを銀行からの借入れに頼る必要がない」、あるいは「買収対象の会社の内容に関係なく、自社そのものの信用で借入れができる」ぐらいの高い資金調達能力が求められる。

③ 追加投資・運転資金の調達能力も必要

これに加えて、通常は、M＆A後に、事業を活性化するための追加投資の資金が必要となる。また、事業を活性化させれば、不意の資金需要や追加の運転資金が発生することも多くなる。その一方、買収先の事業からのキャッシュ・フローや利益が出るまでには相応の時間がかかるため、買収側には、買収資金と追加投資の必要資金だけではなく、追加の運転資金を賄うだけの資金の調達能力が不可欠である（第5章第1節参照）。

(5) 買い手に求められる条件③
——人材の補強能力がある

① 経営を補佐する人材の欠如

　未上場企業のM＆Aは、売り手側経営者の後継者不在が大きな理由となっているが、後継者不在の企業には、現場の実務や日常業務をこなす人材には恵まれてはいても、経営者を補佐していく人材には乏しい場合が多く見られる。この原因としては、ワンマン経営の大きな弊害の一つであるが、オーナー経営者が、経営の後継者だけではなく、経営を判断する人材の養成を怠ってきたこと、逆にいえば、オーナー経営者が会社のすべてを取り仕切ってしまってきたことが大きい。

② 経営だけでなく管理ができる人材に余裕があることが必要

　買い手側は、M＆A後に新しい経営者を送り込むことは最低限必要であるが、事業発展の要（かなめ）となる営業、技術、管理等の経営の根幹を支える人材も送り込めるぐらい、能力の高い人材の余裕があることが望ましい。したがって、M＆Aを検討する企業にとって、経営ができる人材、管理ができる人材を育成・確保していくことは、M＆Aを活用した成長戦略を進めるうえで大きな鍵となる。

2 売買ニーズのマッチング

(1) M＆A案件のルート

① M＆Aの始まり

　M＆Aは売り手企業があって始まる。いくら、買収したい意欲を持っていても、売り手企業（＝買収対象）がなければM＆Aは成立のしよう

がない。もちろん、敵対的な買収のように、証券市場で買いたい企業に対してＴＯＢ（公開買付）をかければＭ＆Ａは可能だが、まずこれは例外である。通常は、売りたい企業が買い手を探すとか、買収意欲のある企業が売りたい希望の企業を探すところからＭ＆Ａは始まる。

② **Ｍ＆Ａ案件の紹介ルートの概要**

図表6-3は、Ｍ＆Ａの買い手側に売却希望の企業が紹介されるルートを表している。逆に見れば、売却希望の企業が、買い手候補からはじまって、最終的に買い手となる企業を探すルートとなっている。

Ｍ＆Ａには、通常の市場やネット・オークションのように、そこに行けば、またはそこにアクセスすれば、売り物すなわち売り手企業が並んでいる、売り手企業が一覧されている、というような場所もサイトもない。また、不動産物件のように、売りたい物件が新聞の折り込みチラシの案内で入ってくることもない。

Ｍ＆Ａは、すべて相対取引で行われる。つまり、買いたい企業、売りたい企業が個別に相手を探すことから始まる。

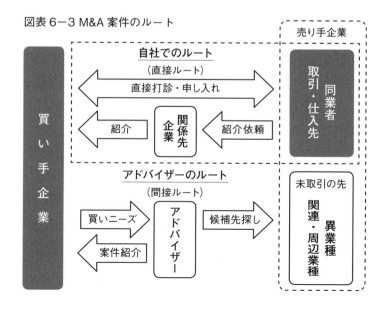

図表6-3 M&A案件のルート

(2) 買収先・売却先を見つけるためのルート①
　　　──直接ルート

　買収先または売却先が見つかるのには、2つのルートがある。直接ルートともいうべき自社ルートとM＆Aのアドバイザーを通じるルートである。ここでは、前者について説明する（図表6-3上部参照）。

① 自社ルートのパターン
　自社のルートでは、M＆Aの打診や照会について2通りのルートがある。一つは、買い手や売却希望の企業が、相手先に対して、M＆Aの話を直接働きかけるケースである。もう一つは、買い手や売却希望の企業が、自社の関係先（経営者の知り合い・友人、自社の取引先・仕入先等）を介して、M＆Aの話を間接的に働きかけるケースである。

② 取引先へ（から）の打診
　未上場企業で、売却希望先が紹介されるのは、経営者の後継者が不在のケースがほとんどとなっている。売却希望先が従来からの取引先に対して自社の引受けを打診する場合や、逆に買い手企業が後継者不在で事業の承継に悩んでいる取引先に対して売却を打診する場合である。
　こうした場合、買い手・売り手ともにお互いに経営者の人となりや会社の概要がわかっているため、円滑に話に入っていくことができる。
　また、仕入先や得意先、販売先は、お互いに会社概要はよく理解しているが、競合している同業他社と違って、相互に補完関係にある点が、同業他社との大きな違いになっている。

③ 同業者へ（から）の打診
　同業者同士の場合は、買い手が売り手の事業内容がよく理解できるので、事業を引き継いでもらいやすい相手先といえる。ただし、その反面、商売上は競合関係にあるので、売り手候補としては秘密保持の点に注意する必要があるし、同業であるだけに、売り手側の事業や会社の内容に、最も厳しい評価を下す可能性も高い。

④ 仕入先への打診

　このケースは、例えば、後継者が不在のメーカーに、そのメーカーの製品の取扱いシェアが高い卸売業者が、取扱商品の供給先を確保するために、買収を申し入れてくる、といったようなケースである。

　売り手側としては、入り口は自分から積極的に相手先探しに動くのではなく、請われる形でM&Aを検討することになるが、他の商取引と同じように、自分から売り込みに行くよりも、その後の話を有利に運べる可能性は高くなる。

⑤ 自社の関係先からの紹介

　これは、買い手候補の経営者の人脈や自社の取引関係先を通じて、売却を希望する企業が紹介されるというケースである。上記②と同じように、買い手候補先は事業の拡充を目指している企業であるが、紹介された売却希望先とは直接の取引関係はなく、自社の関係先や取引先が知っている会社や取引先である、ということが大きな違いである。

（3）買収先・売却先を見つけるためのルート②　――間接ルート

　未上場企業のM&Aで、買い手候補先や売却希望先を探すもう一つのルートは、アドバイザーに依頼して探す、いわば間接ルートである（図表6-3下部参照）。

① 自社ルートには心理的な束縛がある

　買い手も売り手も、上記の自社ルートだけで相手を探すのは、対象となる企業数が限られていて、希望の相手探しとしては範囲が狭くなる。また、取引関係にあるとか、知り合いの関係先等の場合には、万一破談になった場合、事後の関係の維持が難しくなる懸念もあり、近い関係だけに心理的に束縛される点が大きい。

② 成約案件の 70 〜 80％はアドバイザー経由

　このような理由や背景から、M＆Aの相手探しは、ほとんどの場合、アドバイザーへ依頼することになる。統計的な数字はないが、実務からの実感としては、再生や再編目的のM＆Aを除いて、成約案件の70〜80％はアドバイザー経由の間接ルートであろう。

（4）最適の相手探しに金融機関の顧客基盤を活用

① アドバイザーに求められる最適の相手探し

　M＆Aにおいて、買い手や売り手がアドバイザーを必要とする理由とその主な役割については第4章で述べた。なかでも、売り手、買い手とも、アドバイザーに最初に期待するのは、最適の相手探しである。

　M＆Aのルートは前述のとおりであるが、買い手の立場で過去にM＆Aの経験があり、M＆Aを活用して成長戦略の意欲があっても、自社ルートだけで売却候補先を探すのは至難の業である。そのため、自社で候補先を探す努力をする一方で、M＆Aアドバイザーに買い希望を登録しておくことも、売却候補先を見つけるのには有効な方法である。

　また、後継者不在の企業が会社を売却したい、と考えても、自社のみで最適の売却先を探すのもやはり難しい（本章第3節参照）。

② 金融機関の幅広い顧客層を活用

　この点、金融機関は、本来業務を通じて、幅広い顧客層と取引関係を持っており、個別の企業が単独で動くよりもはるかに広範囲での相手先探しが可能である。

　M＆Aの専担部署を設置してM＆A業務の体制を構築することは（第4章参照）、M＆A取引を手がける組織的な機能が整備できるのと同時に、自行の顧客基盤を活用することで、M＆Aニーズ先からの期待が大きいマッチング能力を高めることにもつながる。

(5) M&A案件の管理表

① 売りニーズと買いニーズの積み上げ

マッチングの確率を高めるには、売りニーズと買いニーズの件数を積み上げていくことが大前提となる。M&Aは最終的には、売り手と買い手との相対取引になるが、相手先が決まっていない場合には、より多くの企業から選ぶ方が、最適の相手にたどり着く可能性は高くなる。

図表6-4 案件管理表

○ 買い案件リスト

買い手	業種	買い希望	金額（億円）	地域	備考
A社	酒類卸	同業者	3～5	関東地方	1年以内を希望
B社	精密部品販売	精密部品メーカー	8以内	全国	2年以内を希望
C社	介護関係	給食業者	3以内	中部地方	特になし

○ 売り案件リスト

売り手	業種	所在地	売却事由	金額（億円）	売却の形態
a社	特殊印刷	神奈川県	後継者不在	10	株式譲渡
b社	住宅建設	兵庫県	子会社の売却	5	株式、事業譲渡
c社	飲食	福岡県	後継者不在	3	株式譲渡

○ 進行中の案件リスト

売り手（業種）	買い手（業種）	金額（億円）	書類手交済	両者引合済	基本合意済	最終契約予定
イ社（婦人服販売）	ロ社（衣料品製造）	5.5	○			
ハ社（雨具製造）	ニ社（小売業）	4.2		○		
ホ社（洋食レストラン）	ヘ社（中華レストラン）	2.1				X月○日予定

ニーズの積み上げは、基本的には、営業店が顧客からM&Aニーズを吸い上げて、本部の専担部署にM&Aニーズとして登録するが、すでに相手先が決まっているような案件については、専担部署が初期のヒアリング段階から支援することも必要である。ヒアリングする内容については、本章第3節と第4節で概説するが、専担部署は、営業店から上がってくる顧客ニーズを一元的に管理して、案件の支援や最適なマッチングに活用することが重要である。

② **案件管理表の作成と活用**

具体的な管理の手法としては、図表6-4のような案件管理表を作成して、進行中の案件と売りニーズ、買いニーズに分けてデータベース化する必要がある。専担部署内や営業店との連絡や打ち合わせには、この案件管理表を使うことになるが、後述の秘密保持を徹底するために、図表の例のように企業名はすべて暗号化しておく。依頼企業の実名は、直接の担当者と上級の管理職のみわかるようにしておき、他の担当者や部署にはわからないようにしておく必要がある。

3 買いニーズへの対応
買い手からの相談があったとき

（1）営業店と本部が一体となって案件を推進

① **正確で詳細な情報の把握**

日本全体では、M&Aの件数は増加しているものの、M&Aの経験がある未上場企業はわずかであり、自社がM&Aを進める際に、金融機関への期待は大きいものがある。これに応えるためには、まず、入り口の段階から、できるだけ正確で詳細な情報を把握し、それらの情報を営業店と本部が共有して、一体となって案件を推進することが望ましい。

② 営業店との本部の協力態勢が必要

　金融機関のM&A業務においては、本部の専担部署が依頼企業に対して、M&Aを進めていくための実務手続きをアドバイスすることは重要である。ただし、専担部署には当該依頼企業と融資をはじめとする日常取引はないので、営業店としては、M&AニーズやM&Aの案件が、買い手にとって体力に見合った投資であるか否か、そして事業の将来への影響や効果はどの程度かを、経営的な観点からアドバイスすることが重要である。

(2) 営業店としての一次対応
——ヒアリングの項目

　M&Aの相手企業がすでに特定されており、買い手企業から具体的な相談があった場合の営業店としての一次対応は、M&Aの概要を把握するためのヒアリングであり、以下ではその主なポイントを示した。

　M&Aの概要を把握するために、買い手からヒアリングする項目は、下記①〜④のとおりである。

　ヒアリングや情報の整理の主な目的としては、買い手の事業への当該M&Aの影響と効果、同時にリスクの有無と大きさを探ること、またM&Aのアドバイスや買収資金の貸出しといった支援のほかに、自行として支援できることがないかを見極めていくことである。

　とくに、下記④の資金面については、買い手への与信にも関わることであり、十分に把握する必要がある。

　相手企業が決まっていない、いわゆるM&Aの買いニーズのヒアリングについては、下記④はそのままで、②について特定の企業ではなく希望業種や会社と読み変えれば、ほぼ同様の内容となる。

① 経緯と売却の背景

　売り案件が買い手に持ち込まれた経緯や、案件の紹介者がいればその

概要と、売り手の事業売却の理由・背景を併せて聴取することが最低限必要である。これらの理由・背景や経緯に、不自然な点がないかどうかを確認する事が肝要となる。

② 買収目的・自社の事業への効果

M&Aは成長戦略の一環であり、買収を計画している企業規模の大小を問わず、必ず目的や狙いがあって実行される。したがって、相談があったときには、まず買収の目的や狙いと、買収による自社の事業との相乗効果についてよくきく必要がある。

入り口段階で、買い手の狙いや目的がかなり明確でないと、以降のM&A推進のアドバイスも難しくなるし、買収資金の融資も難しくなるので、納得ができるまできくことが肝要である。

③ 買収対象・形態

買収の対象や形態は、売り手企業に対する買収調査（第8章第3節参照）等で変わる場合もあるが、初期段階では、売り手の希望も含め、買収の対象や形態を聴取しておく必要がある。

第7章で後述するが、買収形態によって、M&Aの手続きや調査の範囲・内容、そして買収契約が大きく変わる。営業店だけでは対応が難しい場合は、専担部署の職員の支援を得て聴取することが肝要である。

入り口部分で、実務の手順についてある程度の目算を立てておくことが、M&Aを効率的に推進するためには重要である。

④ 資金面

買収形態の如何を問わず、下記のように買収資金の目処をあらかじめ立てておくことは重要である。ただし、M&Aの初期の段階では、売り手企業の全体が把握しきれていない場合が多いので、当該M&Aを進めていく段階で、判明してくる事実に基づいて資金計画を変更していく必要もある。

（イ）買収予算

買収資金として、どの程度必要か、株式や資産に対する直接の買収資

金のほか、付帯的に専門家や登記にかかる費用等も概算しておく。

(ロ) 投資計画

上記（イ）に加え、買収後に必要と思われる新たな設備や販促費用、人件費等への投資額を概算する。ただし、Ｍ＆Ａの初期段階では、売り手の事業内容がすべて把握しきれていないので、買収後の追加投資の額について見極めるのは難しいから、売り手との基本合意ができたあたりで算定するのが望ましい。

(ハ) 資金調達計画

Ｍ＆Ａの実現のためには、上記（イ）（ロ）に対応する資金調達計画を策定する必要がある。金融機関としても与信で対応可能かどうか検討するために、手元資金、増資、社債、借入れ等の組み合わせをどうするか、といった点で計画にかなり踏み込んでいくことも必要である。

4 売りニーズへの対応

(1) 売却の意思を固めてもらうためのポイント

① Ｍ＆Ａの有効性について納得してもらう

最近は、後継者不在の企業が、事業承継の相談で金融機関に来ることが多くなっているが、そのうち最初から明確に売却の意思を持っている企業は稀である。Ｍ＆Ａが後継者確保の活用法ということは認識しているが、果たして自社がＭ＆Ａになじむのかどうかに不安や危惧を抱いていて、自社の売却を決断できないまま、結局は廃業に至らざるをえない企業も多いはずである（第５章参照）。

このような経営者に対しては、まず会社の現状や事業の将来の展望をよく聴取することが重要である。そして、売却の意思を固めてもらうた

めに、聴取した事項を踏まえて、M&Aが事業承継の一つの有効な選択肢である点を、納得がいくまで十分に説明することが肝要である。

② 不安や懸念を払拭し売却先の選定方法や進め方を説明

そして、経営者が、M&Aでの相手先探しや秘密漏えい等、進め方について抱いている不安や懸念を払拭し、対象企業の事情を考慮しながら、売却先の選定方法や進め方について具体的に説明する。

以下は、事業の後継者が不在で、M&Aで後継者（後継社）を確保したいとのニーズがある先からの相談があった場合、営業店としての一次対応と主な留意点である。

（2）M&Aアドバイザリー業務の第一歩——事前相談

事業承継目的のM&Aではアドバイザーを決めることが不可欠であるが、その第一歩は、アドバイザーへの事前相談から始まる。事前相談においては、「事業承継M&Aのアドバイスを依頼したい」「基本的な考え方や進め方を知りたい」「具体的に検討したい」等、その相談内容はさまざまである。

いずれにしても、日常取引がある先からの相談であり、面談する前に、会社の概要や沿革の資料を調べておく。追加情報が必要であれば、簡単な会社資料を依頼し、また、相手先が決まっているのであれば、相手先の概要がわかる資料の提供も依頼する。

（3）事前相談における初期のヒアリング

事前相談でのヒアリングの項目は、下記①～③のとおりで、それぞれの内容について聴取、説明が必要である。

① 売却検討や決定の経緯・背景

事前の相談は、まず事業承継M&Aを決定した、ないしは検討している理由や背景についてよく聴取することから始める。

(イ) 相手先が決まっている場合

　自社ルートで相手先がすでに決まっていて、M&Aの進め方や手続き諸般について、アドバイスの依頼がある場合には、事業承継M&Aに踏み切った理由や、承継先が見つかった経緯や関係などについてヒアリングを行う。

(ロ) M&Aの活用を迷っている場合

　事業承継にM&Aを活用することについて基本的なことを知りたいとか、まだ迷っているような段階での相談の場合には、経営者があまり話したくないこともあるので、理由や背景についてあまり深入りしてはいけない。それよりも、事業承継にM&Aを活用するメリットや進め方について、経営者が抱いている不安や懸念を払拭するために、企業の実状に合うように説明することが先決である。

(ハ) 真剣にM&Aを検討している場合

　相談者がかなり真剣に事業承継M&Aを検討しているとか、すでに決定しているのであれば、理由や背景について、かなり突っ込んで質問する必要がある。

　もし、説明された理由や背景が納得できないとか、腑に落ちないときには、その場では売却の依頼を受けることはせずに、後日改めて面談の日を設定すべきである。なぜなら、案件のアドバイスを引き受けた場合には、買い手候補先に売却の理由や背景を明確に説明する必要があり、アドバイザーとして腑に落ちていないと、買い手への説明自体に信憑性や迫力を欠いて、案件そのものを進めにくくなるからである。

　また、事業承継M&Aの話がかなり進んだ段階で、別の理由や真の理由が判明すれば、すでに案件を検討している買い手候補先に迷惑をかけるばかりでなく、売り手だけでなくアドバイザーとしての自行の信用失墜にもなりかねない。

② **会社や事業の現況**

　売却の意思が明確で、理由や背景も辻褄が合っていて、アドバイザーとして納得できるものであれば、次に経営に関すること、株主構成、事業の現況、支障となることやネックとなることに関してのヒアリングを実施することになる。この段階になれば、最初に受領した資料だけでは不十分な場合が多く、追加のデータや資料を依頼して検証する。

③ **売却希望先**

　以上のヒアリングと資料面での検証の途中ないしは終わった段階で、売却希望先についても、聴取しておく。売り手のなかには、自身では売却の打診はできないが、取引先や仕入先への売却を希望している場合があるし、特定の先ではないが売却してもらいたい業種の希望もある。

　逆に、この会社にだけは打診をしないで欲しいという希望もあり、こうした場合には、ネガティブ・リストを作成して打診しない、あるいは話を持ち込まない先を明確にしておく。

(4) アドバイザリー契約と秘密保持契約の締結

　以上のヒアリングや検証を進めている途中か終わった段階で、事業承継M＆Aの取り進めに関する基本的な手順や注意点、それと報酬や費用負担について説明をしておく必要がある。

　かなり立ち入った話を聞いた後で、こちらが提示する報酬が高いと思われて、アドバイザリー契約を結べなくなることもあるし、最悪の場合は日常取引にも影響が出てしまうこともあるので、早めの対応が望まれる。

　また、日常の取引がある先であっても、相談してくる経営者から、質問の内容や、仕方から、アドバイザーとしての資質を推し量られることもあるので、ヒアリングの段階から真摯な姿勢での対応が重要である。

　事前相談とヒアリングの結果、売り手からM＆Aのアドバイザリー業務を依頼したいとの意思表明があれば、第４章第７節で述べたアドバイ

ザリー契約と次節で述べる秘密保持契約を締結して、正式にM＆Aアドバイザリー業務を開始することになる。

5 秘密保持の具対策

（1）秘密保持の重要性

① 顧客基盤の広さと信用度の高さに期待

　金融機関のM＆A業務のうち、売り手や買い手からの期待が大きいのはマッチング業務である。これは、顧客の立場としてみれば、金融機関の信用度が非常に高いことと顧客基盤の広さに期待してのことである。一方、後継者のいないオーナー経営者が、事業承継M＆Aを決断する際の大きな壁と感じているものの一つが、身売りの噂が流れ取引に影響が出るおそれがある、ということである。

② 秘密保持に細心の注意が必要

　会社の経営にとっては、従業員が安心して業務に精励できる環境の確保と、それを確固たるものにするために、金融機関をはじめとする外部の利害関係者に対する信用の維持や確保が最重要である。

　事業承継目的のM＆Aは外部への事業承継の最良の手段であるが、M＆Aの話が「身売り＝経営不振」と周りに誤解され、その結果信用が損なわれてしまい、以降の経営に支障が出るようなことだけは避けたい、という経営者心理は十分に理解できる。

　したがって、M＆Aの実務においては、金融機関として、自行内で秘密を厳守するための体制やルールを整備することは当然であるが、すべてのM＆Aの関与者に、秘密保持に細心の注意を払うことを要請、指導することも重要である。

（2）秘密保持の基本

① 関与者を絞る

　企業秘密や個人の秘密を守るには、やはり情報に関与できる人数をできるだけ絞ることが大前提で、M＆A業務の場合もまったく同様の基準や考え方が基本となる。

　M＆Aで売り手、買い手、アドバイザーの間で取り交わされる、秘密保持契約は章末の資料6-1で示す内容となっていて、情報を開示する関係者をかなり細かく規定している。M＆Aの情報にアクセスできる関係者を限定することが、情報の入手を困難にし、そして外部への漏えいを防ぐ体制を作る基本中の基本である。

② デジタル化と暗号化

　一昔前までは、情報はほとんどが紙をベースとしていたが、データの交換と保存がデジタル時代になって記録媒体が飛躍的に増加したこともあり、秘密が漏えいする可能性は高くなっている。このような環境下では、データの保管と交換には細心の注意を払わないと秘密の保持は難しい。

　その対策の一つが暗号化である。顧客の決算書をはじめとする紙ベースの元資料以外の資料は依頼者の実名を出さずに暗号化し、当事者と関与者以外が見てもわからないようにする。そのため、パソコンで作成する資料には、元資料以外の打ち合わせ用とか説明用の資料では売り手、買い手ともにイニシャル等で表記し、メールやファックスでの通信でも同様の扱いとすることが肝要である。

③ 暗号化（イニシャル化）の具体例

　イニシャル化の具体例としては、前述の案件管理表や、打診のために買い手に交付するノンネーム・リスト、企業概要概況書、概要書がある（第7章参照）。

　売り手から買い手候補先を探すことを依頼され、買いニーズ・リスト

にある候補先に打診する際には、最初から売り手のすべての情報は開示しない。通常は、最初の打診は、ノンネーム・リストを使用して行い、打診をした買い手候補先が買収を検討する意思があれば、秘密保持契約を締結して詳細な会社資料（第8章参照）を提供する。

もちろん、最初の打診で、買い手候補先に興味がないのであれば、第三者への情報漏えいがないように口頭で依頼し、ノンネーム・リストは回収する。

④ **厳格な資料、情報の管理**

本部の専担部署も営業店も、売り手から提供してもらう各種資料については、施錠して保管し、コピーも通数を管理して交付先を記録しておく等、厳格な取扱いが求められる。

また、パソコンで作成、管理する資料は前述のように暗号化し、担当者と上級の管理者しかわからないパスワードを入れておくことが肝要である。

(3) 秘密保持の方策や情報管理の体制

自行内での秘密保持の方策や情報管理の体制は、おおむね次の3点を原則として厳格な保持と管理体制をとっておく。秘密保持について依頼者が懸念を抱く場合もあるので、自行内での情報管理や秘密保持に関して、現行のルールや体制を適宜説明して、依頼者の不安を解消することも大切である。

① **ファイアー・ウォール**

自行内におけるM＆A業務の専担部署は、できるだけ他部門からの干渉や指示・命令を避ける組織形態とするため、ファイアー・ウォール（防火壁）を設置し、相互に情報の行き来ができない組織建てになっている。

これにより、M＆A業務と通常の貸金業務との利益相反行為を防ぎ、

その一方で利害を一致させないようにしているのである。

例えば、銀行の大口の貸金先に、M＆Aの案件の紹介を装って、手数料名目で報酬を得るといった、迂回的な利益確保策を禁じるための措置である。

② **情報の分限管理**

情報漏えいを防ぐ体制としては、前述のとおり、M＆Aの情報にアクセスできるスタッフを限定すること、また進行中の案件の内容は担当者と上級の管理者しかわからないようにしておくことが肝要である。

そして、部門の中で、班制やチーム制を敷いているのであれば、班・チーム相互に取り扱っている案件がお互いにわからないようにしておくべきである。極端にいえば、世間話や普通の会話以外の案件の話は、行内外を問わずに他班や他チームの行員とは厳禁とするぐらいのルールが必要である。

また、部門長やそれ以上の役職者以外で横断的に班やチームに関与する職務は作るべきではない。

以前、大手証券会社のM＆A部門で、各班の補助者として使っていた外国人研修生が、M＆A情報を外部に流し、インサイダー取引を引き起こしたという事件があった。これは、情報管理の「イロハ」に関わるようなことであり、M＆A業務を取り扱う場合には、厳に排除すべきことである。

③ **書類の保管・管理**

パソコン内のデータ管理や管理資料のイニシャル化を徹底する必要があるのは前述のとおりで、売り手から提供してもらう紙ベースでの各種資料はより厳格な取扱いが必要である。

まず、原書類はキャビネット等に必ず施錠して保管する。また、担当者は、離席する際には、机上放置をせずに施錠して保管をする。

常に鍵をかけることにより、書類の紛失を防ぎ、情報や秘密が漏えいするルートを遮断することができる。また、形から入ることで、組織や

職員の秘密保持に関する意識を高める効果としても大きいものがある。

万一情報漏えいがあった場合に流出したルートと責任の所在を明確にするために、コピーした書類も通数を管理し、交付先を記録しておくことが必要である。

秘密保持契約について

売り手、買い手、アドバイザーの間で秘密保持契約を取り交わすが、記載する内容は、おおむね資料6-1のような内容である。

基本は、相手方に無断で、提供した情報を漏えいすることを禁じ、情報の漏えいを防止する策を講じることを取り決める契約である。案件ごとに内容の細かい点は異なるが、秘密保持契約に記載する基本的な項目は資料のとおりとなっている。

① **定義**

事業承継M＆Aにおける取引の内容の定義。

② **秘密保持**

・漏えいを防ぎ、秘密を保持すべき情報。

・第2条第1項の目的に合うように情報への関与者を特定。

③ **情報の変換**

案件が不成立となった場合の情報の取扱いを規定

④ **有効期間**

1年間から2年間で自動更新とするのが通常。

⑤ **協議事項ほか**

案件やアドバイザーごとに内容は異なるので、契約する前に確認が必要。

資料6-1 秘密保持契約（例）

秘密保持契約

　〇〇（以下甲という）と◎◎（以下乙という）は、甲による企業提携の可能性を検討するために乙が提供する情報、資料等に関し、以下の通り契約（以下本契約という）する。

第1条（定　義）
　本契約において企業提携とは、以下の通りとする。
　　法人の合併、譲渡・譲受及びその他の方法による株式あるいは出資持分の移転
　　営業譲渡・譲受及びその他法人資産の譲渡・譲受
　　法人又は個人による資本参加及び技術提携

第2条（秘密保持）
　甲及び乙は、相手方により入手した対象企業に関する書面、電波、電磁的記録、口頭及び物品等の一切の情報並びにそれらを基に作成した資料（以下情報という）を機密に保持するものとし、相手方の事前の承諾なく第三者に開示、漏洩してはならず、企業提携の目的以外の目的をもって自己または第三者の利益のために利用してはならないものとする。但し、上記情報には以下のものは含まれないものとする。
　　相手方から開示されたときに既に公知となっていたもの
　　相手方から開示されたときに既に保有していたもの
　　適法かつ正当に第三者から開示されたもの
　　両当事者の故意又は過失を原因とせず公知となったもの
　本契約でいう第三者とは、当該目的を遂行するうえで必要かつ最小限の範囲の当事者の関連企業を含む役員・従業員、顧問弁護士・公認会計士・税理士及び顧問等（以下役員・従業員等という）以外の者をいう。
　甲及び乙らは、その役員・従業員等に対して本契約の内容を遵守させることについての一切の責任を負う。

第3条（情報の返還）
　甲及び乙は、第5条の規定により本契約が終了した場合及び本契約に基づく企業提携斡旋が成立する可能性がないことを相互に確認した場合には、本契約に基づき相手方から提供又は開示された一切の情報（複製したものを含む）を速やかに返還するものとする。ただし、開示者が被開示者に対しその返還に代えて廃棄を求めたときは、被開示者は責任をもってそれを破棄するものとする。

第4条（有効期間）
　本契約の有効期間は、本契約締結日より2年間とし、有効期間満了までに何れの当事者からも解約の申し出がない場合には、さらに1年間延長し、以後も同様とする。
前項により、本契約が解除された場合といえども、本契約第2条、第3条及び第4条で定める義務は、本契約解除後2年間は存続する。

第5条（協議事項）
　本契約に定めなき事項又は本契約の条項の解釈に疑義が生じた場合には、甲乙誠意をもって協議決定するものとする。

第Ⅲ部 M&Aの具体的実務

第7章

M&Aの実務プロセス

本章の内容

売り手への対応とアドバイス

　M＆Aの手続きは、まず売り手の株主構成をよく見ることから始まる。M＆Aは株式や事業の売買取引であり、最終決定は株主の決定に委ねられている。したがって、売り手の経営者が株式を取りまとめやすい株主構成になっているかどうかをよく見て、もし株式が分散している場合には、M＆Aを進める前か、最終的な契約の締結前にこれを取りまとめることが必要になる。

　M＆Aを進める前に、売り手には、買い手の考えや狙いをよく理解すること、自社の弱み・強みを客観的に把握すること、M＆Aを実行するうえで会社内外の利害関係者にとっての支障の有無を確認すること、そして早めに株主対策を取ることをアドバイスすることが肝要である。

　実務面では、会社の無形の評価を上げるために、決算書等の財務諸表に加え、会社内容がよくわかるように資料やデータを整理することをアドバイスする。基本的には、不都合なことや短所や弱点も買い手側がわかるようにし、決算書だけではわからない、人材、設備、資産、取引先、仕入れ先等の経営資源についても説明しやすいように整理するようアドバイスすることが重要である。

買い手へのアドバイス

　M＆Aについては、買い手も売り手同様に真剣であるが、売り手の経営者は自分にとって世界で唯一の大事な資産を手放す、ということをよく理解してもらうことが肝要である。実務的には、M＆Aを円滑に進めるための体制を採ってもらう、売り手の秘密厳守を徹底する、取引経緯のわかる文書を保管、保存しておくことをアドバイスする。

未上場企業M＆Aの実務プロセス

　未上場企業M＆Aの実務プロセスは、事前検討段階、相手先の探索・調査段階、基本合意段階、本契約段階の4段階に大別される。各段階では、依頼者企業の代理として、相手先との資料のやり取り、質問や回答のやり取り、条件の折衝等が交錯するが、一歩ずつ専門家とも協働して進めていくことが肝要で、M＆Aでは拙速は厳禁中の厳禁である。

1 売り手の株主構成をよく見る
未上場企業M＆A実行への第一歩

（1）株主構成を見ることの意味

① 必要書類の読み込みは株主構成から

　未上場企業M＆Aの実務プロセスは、本章第7節で後述するが、売り手側のアドバイザーになった場合には、初期のヒアリングの後で、第8章で後述する必要書類を売り手企業から受領する。また、買い手側のアドバイザーになった場合にも、売り手企業から同様に必要書類の提供を受ける。

　売り手、買い手のいずれのアドバイザーとなっても、提供された書類を読み込むことから、M＆Aアドバイザリー業務の実務を始めることになるが、その第一歩は、まず売り手企業の株主構成をよく見て、内容を確認することである。

② M＆A取引成立の要件

　M＆Aは株式の売買や交換、資産の売買取引であり、合併や事業譲渡の例外的な簡易手続きを除いては、M＆A取引を成立させるのには、株主の過半数や3分の2以上の同意が不可欠となっている。具体的にM＆Aの手続きを進めていく前に、M＆A取引を成立させるのに必要とされる株式数や株式比率を取りまとめることができる株主構成になっているかどうかを確認しておくことが重要である。

③ M＆A取引成立のための具体例

　例えば、オーナー社長が、M＆Aで会社を売却する意思はあるが、図表7-1のA社の例のように自社の株式を30％しか保有していないとする。その場合、自分の持株を売却するだけでは、買い手側が経営権を取得するM＆Aは成立しない。

図表7-1 株主構成を見る

◎A社の株主名簿

株主	持株数	持株比率	
社長	150	30%	社長家族の比率 60%
妻	50	10%	
長男	50	10%	
長女	50	10%	
実妹	50	10%	社長の親戚の比率 30%
甥（実妹の長男）	25	5%	
実弟	50	10%	
姪（実弟の長女）	25	5%	
B社	50	10%	B社と株式を持合い
総株数	500	100%	

　未上場企業の株式譲渡でのM＆Aの場合には、買い手は売り手企業の50％以上の株式を取得する必要があるので、その社長が、例えば家族の持ち分を含めて、自社株の最低限50％以上をまとめることができるかどうかを確認しておく必要がある。

　図表7-1のA社の例では、社長家族で60％を所有しているので、家族分をまとめれば経営権の取得は可能ではある。しかし、未上場企業の株式取得での実際のM＆Aの場合には、ほとんどの買い手は、原則100％を取得することを希望するので、本章第7節で後述する最終契約の前までには、社長家族以外の株式の取りまとめが必要となる。

　以下では、売り手の株主構成を見るポイント見ていく。

（2）株主数が少ないほどスムーズに進む

　理想をいえば、対象会社の株主が一人で100％を所有しており、その一人さえM＆Aに同意すれば、すべてが順調に運ぶ場合だが、通常は図表7-1のように複数の株主が存在することが多い。

前述のとおり、M＆Aは売り手企業の株主の同意がなければ成立しない。株式取得による買収の場合には、まさに株式を取りまとめやすいかどうか、また、簡易の方式以外の事業譲渡、合併の場合には、株主総会の決議を得られるかどうかという観点から株主構成を見て、売り手に家族以外の株主との関係を十分に確認する必要がある。

　M＆Aは、形態の如何にかかわらず、本章第３節（２）で後述する利害関係者が少ないほど話がスムーズに運びやすくなる。とくに、株主については、対象会社ができるだけ少ない株主数でM＆Aの決断ができるようになっていることがポイントである。

（３）注意すべき法人株主の有無

① 法人からの情報漏えいのおそれ

　株主数とは別に、注意が必要な第２のポイントは、法人の株主の有無である。売り手が従来の取引関係上、他社との間で持合株を有しているかどうかを見る必要がある。なぜなら、売り手の株式を持っている法人があれば、その法人からM＆Aに関する情報が事前に漏れてしまう可能性があるからである。

② 正式契約前にM＆A実行の告知が避けられない

　例えば、売り手であるＡ社が、図表７－１のように取引先のＢ社との間に株式の持合いがあるとする。その場合、Ａ社を買収しようとするＣ社としては、株式の100％取得をするためには、Ａ社の株主であるＢ社に対し、正式契約の前に株式の譲渡を依頼しなければならない。

　株式の譲渡と取得は、契約書に調印するか、他の株主に委任状を渡し、代理で調印してもらうかの２つの方法によって実行する。いずれの場合でも、必ず調印日以前に、株主の調印の意思か委任状を出す意思を確認しなくてはならないので、M＆Aの実行を正式契約の前に告知することになってしまう。

前述のＢ社が、買い手のＣ社の申し出を快諾してくれれば問題はないが、Ｂ社がＭ＆Ａに対し反対であるとか、心よく思わない場合には、事前に外部に情報が流れて、Ｍ＆Ａの実行に支障が生じることも考えられる。

③ 事前の株式持合いの解消

したがって、このような場合には、Ａ社とＣ社の間でＭ＆Ａの合意ができた段階で、まず株式の持合いを解消するのも一つの方法である。すなわち、Ｍ＆Ａの実行前に、Ａ社にＢ社が持っているＡ社株と、Ａ社が持っているＢ社株を交換するか、お互いに買い戻してもらうことである。

買戻しの申入れが、Ｂ社に不自然に思われないようにするため、例えば、Ａ社の社長が「私も高齢で事業の承継を考えたい。ついては、現在のように株が分散していると承継がスムーズにいかないので、この際、これを子供名義にとりまとめたい」などという理由で、Ｂ社が所有する株を適正な株価で買い戻すのも一法である。

④ 相手法人から理解を得る

ただし、Ｂ社がＭ＆Ａ後も取引を継続する必要がある重要取引先である場合には、このような申入れが、Ｂ社に対する背信行為となりかねない。したがって、このような重要な取引先については、ある程度Ｍ＆Ａの事情を話して、相手の理解を得ることが肝要である。

Ｍ＆Ａの取引そのものは、売買当事者同士の合意があれば成立するが、それは売買当事者間での契約の完了にしか過ぎず、Ｍ＆Ａ後の売り手企業の経営は買い手側が担う。このＭ＆Ａ後の事業を成功させるには、関係者や周囲の協力が不可欠であり、Ｍ＆Ａ契約前後に可能なかぎり周囲への丁寧な説明が必要である。

（4）無視できない「感情」の問題

① 同族株主であるがゆえの利害対立の存在

株主構成について、注意が必要な第３のポイントは、同族株主がいる

場合に、株主相互の親密度はどうか、名義株かどうかなど、株式を取りまとめて100％取得するのに障害がないかどうかを、売り手の経営者によくきくことである。

　株主相互間の親密度については、図表7－1の株主名簿のような書類からはわからない。「同族株主＝親密な株主」とは限らない。同族株主であるがゆえの利害の対立がある場合もある。例えば、売却の対象となる株式そのものでの利害ということではなく、同族のオーナー企業の場合には、過去の相続問題とか、直接会社とは関係のない財産をめぐっての心情的な対立関係が存在する場合がある。

② 対立関係の存在からM＆Aが頓挫することもある

　このような感情的なしこりを含めて、同族間に対立関係がないかどうか、事前に売り手側に十分確認することが必要である。M＆A実務を進める最初の段階でこの確認を怠ると、株式の売買手続きに入った段階で対立が表面化して、M＆Aの話が頓挫してしまうことや、最悪はM＆Aそのものが流れてしまうこともあるので、十分留意する必要がある。

③ 名義株といえども注意が必要

　なお、名義株について、売り手のオーナー社長のほとんどは、「単なる名義株だから自分の一存でどうにでもできる」と言いがちであるが、前述のとおり、必ずしもそうではないので注意が必要である。名義株の対応や処理法については、本章第3節で詳述する。

2 売り手への対応とアドバイス

（1）買い手が現れる前に必要な売り手へのアドバイス・指導

　M＆Aのプロセスの事前検討段階（本章第7節参照）における、アドバイザーの主な役目は、売り手からのヒアリングや書類の提供依頼と受領した資料の内容を検証することである。

　まだ買い手が現れていないこの段階では、業務の中身としては、売り手に対して会社内容についての質問や追加資料とデータの提供等の依頼が主になるが、同時にM＆Aに対する心構えや売り手自身が準備すべきことをアドバイス、指導することも、M＆Aを成功に導くためのアドバイザーの重要な役割である。

（2）買い手を探す前の心構え

① 継承する側には、損得勘定についての冷徹な計算や思惑がある

　孫子の兵法に「彼を知りて己を知れば百戦して危うからず」という格言がある。

　M＆Aは戦ではないが、日常業務にはない"高度な商談"であり、売り手側が要求することや希望がそのままで通ることは、まずないと考えるべきである。ごく当たり前のことだが、他社の事業を買収によって継承する側には、損得勘定についての冷徹な計算や思惑があることを、買い手を探す側（売り手）は十分に理解しておく必要がある。

② 相手の計算や思惑を理解すれば最適な買い手にたどり着ける

　逆に言えば、感情論とは関係なく、それらの計算や思惑があることを

理解しておくことによって、より最適な買い手にたどり着ける可能性や確率が高くなる。

要は、売り手が自分の利益や都合ばかりを考えて、独りよがりになっていては、よい相手を見つけることが難しくなるばかりで、結果的に、売却することがはなはだ難しくなると言わざるをえない。

③ **ゴールとスタートの違い──買い手に敬意を払う**

M＆Aは結婚にたとえられることが多い。結婚は、当事者同士の新たな生活のスタートで、売り手の会社や事業に関わる人たちと買い手にとっては、確かに、結婚と同じように新たなスタートになる。

しかし、M＆Aの成約は、事業や株式を譲渡する経営者や株主にはゴールになるが、買い手側の株主や経営者にとっては、スタートになり、売り手と買い手では立場に根本的な違いがある。M＆A、とくに事業承継目的のM＆Aを円滑に運ぶためには、話し合いの過程で当事者双方がお互いの立場を尊重することが大切である。

そして、損得勘定はあるにしろ、M＆Aによって他社の事業を引き受ける、というのは並大抵の決断ではできない。売り手側は、この点をよく理解して、他社の事業を引き受けて新たなスタートを切ろうとする買い手側の決意に敬意を払うことも必要である。

(3) M＆Aにおいて「会社を見られ、評価される」ということ

① 従来からの取引先でもM＆Aのときは新規先と同じ

未上場企業のM＆Aでは、たとえ、買い手候補となる先が、従来からの取引先や仕入先であったとしても、会社の詳しい事情や内容についてはまったくの「赤の他人」と同様と考えるべきである。つまり、第8章で詳述するが、M＆Aにおいては、内部の関係者とはまったく違った目で、会社を見られ、評価されることになる。したがって、M＆Aを決断

する前には、最低限次の点は見直しておくことや検証しておく必要がある。

② 買いたくなるだけでなく買いやすい会社かどうか

　Ｍ＆Ａの目的から企業を見る場合、財務面や収益面から見たよい会社と、経営資源の面から見た買いたくなる会社の違いについては、第6章で述べたとおりである。

　買いたくなる会社の場合、買い手側がその次に関心があるのが、買いやすい会社かどうかという点である。買いやすいというのは、買収価額の妥当性だけではなく、前述のように株式がまとまっていることや、買収するのに大きな支障がない会社なのかどうか、ということ。言い換えれば、売り手がオーナー企業の場合には、売り手の経営者との間だけで、買収の話を進めても支障が出て来ないことが確認できることが、Ｍ＆Ａを進めるうえでは重要なポイントになる。

　そのためには、売り手側は、買い手に対して、納得が得られるような客観的で合理的な説明材料やデータを準備しておくことが重要になる。

3 売り手が売却前に自社について見ておくべきこと

　図表7-2は、売り手の経営者が、売却する前に、自社について見ておくべきこととやっておくべきことの主な項目をまとめたもので、詳細は以下のとおりである。

（1）自社の強み、弱みを把握しておく

① 強み・弱み、さらに事業構造・収益構造を把握

　どんなに優良な企業でも、すべての点において満点ということはあり

図表7-2 自社の無形の評価を上げるためのポイント

◎ 売却前に見ておくべきこと

自社の強み、弱みを把握する
自社の事業と収益構造を見ておく

関係者への影響とその反応・態度を見る
内部の関係者：株主、従業員、家族 外部の関係者：仕入先、取引先、金融機関

株主対策
株式の取りまとめ 名義株の整理

◎ 会社内容がわかりやすいようにする

企業の無形の評価を上げる
会社と事業内容がわかるように整理する 不都合なことでも隠さない 短所や弱点がわかるようにする

人材
組織図、職掌、職務経験がわかるようにする

固定資産
機械設備の稼働状況、現在価値を検証する 土地は隣地境界を確認しておく 建物は資産性と建築基準法への適不適を確認する

流動資産
在庫、仕掛品は実在性、資産性を確認する 受取手形はわかるようにする 売掛債権は滞留分を適切に処理する

取引先
過去の販売実績等を整理しておく

えない。長所や利点もあれば、短所や欠陥もあるのが会社であり事業である。業績が芳しくない場合には、経営者は業績を発展させるように最大限の努力をするが、短期間で大幅に業績を改善し、誰にでも魅力がある企業になるのは極めて難しい。

　未上場企業が事業承継目的でM&Aを進める場合には、経営者が自社の強みや弱みをよく把握しておくことが必要である。また、普段はあま

り意識する必要はないが、自社の事業の構造や収益の構造をよく把握しておくことも、重要である。

② 利益を出せる会社かどうか

　M＆Aの場合、極端に言えば、買い手候補が売り手へ関心を持つのは、買収した後で売り手の事業を活用して、利益を出せるようになる会社なのかどうかという点である。買い手候補が見つかり、具体的な話し合いや折衝に入れば、買い手候補側からは、この観点から、事業の収益性について分析や評価するための情報を得るために、質問をするとかデータを求めてくることが通例である。

　どんな経営者も、自分の会社や事業に愛着を持っているので、自社の経営内容についてひいき目に見るのは至極当然のことである。しかし、M＆Aで売却する前に、できるだけ客観的な視点から、自社の内容や事業の内容を見直してみることが必要である。

(2) 関係者への影響、そしてその反応・態度を見る

① 経営の変化と利害関係者の反応

　会社の経営は、さまざまの要素やそれに関わる利害関係者（＝ステーク・ホルダー）で成り立っている。利害関係者については、会社との関係や関与の仕方、密接度により、その重要度は千差万別である。

　一般に、会社に大きな変化がある、あるいは経営危機が来るといったことがないかぎり、利害関係者からのクレームや経営への口出しはまずない。しかし、売却のM＆Aは、まさにこの会社に大きな変化を与える事態であり、利害関係者の中に波乱が起こる可能性をはらんでいる。

　したがって、M＆Aで会社を売却する場合には、利害関係者にとって障害がないか、また、利害関係者の中にクレームが来そうな先がないか、をよく見る必要がある。M＆Aを決断する前に重要なことは、障害とな

ることがないかどうかを、洗い出していくことである。
　利害関係者は、会社の内部の関係者と外部関係者の2つに大別される。
② **内部の関係者と外部の関係者**
　内部の関係者とは、株主、従業員、家族という、極めて経営者に近く経営者と一体の関係にあるか、会社から直接給料や利益を得ている関係者である。とくに、会社や事業を売却する場合には、経営者ではなく株主が決定権を持っているのは前述のとおりで、株主の構成によっては、後述のように株主を整理し、株主数を絞っていくことも必要となる。
　外部の関係者は、主として仕入先、販売先、納入先、金融機関等で、自社の経営に不可欠となっている利益関係者が挙げられる。
　M&Aの当事者たる会社から給料や配当といった直接の利益は得ていないが、取引関係を通じて利益を得ている関係者である。外部の関係者は、内部の関係者のように、経営者と一体となっていたり、雇用されていたりといった関係はないが、相互の信頼や契約を基に成り立っている関係者である。
③ **利害関係者の反応・態度に応じた適切な対処法、解決法を考えておく**
　M&Aは、株式や事業の譲渡の結果、経営の主体が根本的に変わるので、売却を決断する前には、利害関係者への影響を十分考慮し、障害がありそうな場合には、適切な対処法や解決法を考えておくことが必要である。

(3) 株主対策の重要性

　未上場企業の売却の場合、経営者の意思が大切であるものの、前述のとおり、最終的な決定権は株主が持っている。株式を譲渡して会社の所有権を譲渡する場合は、個々の株主の同意が必要であり、事業の実体を外部に譲渡する場合にも、株主総会での決議が必須となっている。
　とくに、事業承継目的のM&Aの場合に、株式が分散している状態を

放置しておくと、所有権や事業の外部への譲渡の実行に反対の株主が出てきたりして、大きな障害となることがある。株式が分散する要因や経緯については後述するが、経営にまったく関与していない同族株主のなかには、経営の現状もわからずに、親や祖父の創業した会社の売却に単に反対するということもある。

したがって、自社の売却を決断する前か、遅くとも買い手候補と基本合意ができた後で、オーナー経営者はできるだけ株主数を減らして、株式をそのコントロール下におけるよう集めておくことが重要である。

(4) 株主数を減らす方法

事業承継目的のM&Aを実行する前に、名義株を整理する方法と、分散株の買戻しの方法は、概略以下のとおりであるが、単に名簿を書き換えるようなことは、税務上の問題も発生しかねないので、会社設立以来の株主の推移表を整理し、顧問の税理士ともよく相談のうえで手続きを進めることが肝要である。

① 経営には直接関与しない名義株とは

1990年の商法の改正以前は、会社の設立には7名の発起人が必要で、設立当初から株主は7人以上の株主とせざるをえなかった。このために、経営には直接関与しない創業者の親族とか友人や知人が、名義だけの株主となる、いわゆる名義借りの株主となるケースが多かった。

また、自社の同族株主の比率を下げて株価評価を低くするために、社員や友人に告げずに借名して株主とするケースもある。これは、株価評価額の高い会社によく見られるケースで、やむをえず借名したとか、同族株主の都合で借名したという理由の如何にかかわらず、事業承継目的のM&Aを実行する際には名義株は大きな障害になる。

② 名義株を経営者のコントロール下におく方法

このために、名義株は事前に整理し経営者のコントロール下におく必

要がある。名義株を整理するためには、念書や同意書を名義株主から取ったうえで、株主名簿を書き換えることになるが、税務面の問題が発生しかねないので、専門家の指導と協力を得て実施することが肝要である。

なお、名義株主といえども、過去に株券を渡しているとか、配当を本人に支払っていると、名義株とは見なされないので、事前に確認することが重要である。

③ 分散した株式の買戻し

名義株以外で株式が分散するケースとしては、相続対策として生前に子や孫等の推定相続人に株を取得させたり、実際の相続で亡くなった株主の相続人に株式が分散していく場合がある。

業歴の長い会社の場合は、相続が2〜3度発生し、その都度株主の数が増えていく。経営に直接関与していない親戚や縁戚、それに従業員の株主の場合、株主数を減らすための方策は買戻しである。経営者自身に資金があれば個人で買い戻す、あるいは会社に資金的余裕があれば、会社で買い戻して金庫株にする方法がある。

4 会社の内容が理解しやすいようにする

(1) 企業の無形の評価を上げる

① 会社と事業内容の整理・準備

買いやすい会社の条件の一つは、買収を検討する際に、会社と事業の内容が、外部者にもわかりやすい形で整理・準備されていることである。短所や弱みのない会社はまずないが、それらが客観性をもって整理・準備されていることは、買い手側の調査の手間を省くことにつながる。また、経営者の経営に対する姿勢や考え方を推し量る大きな材料にもなり、

いわば売り手に対する無形の評価を上げることにつながる。

② 通常簡単に処理可能なことが問題になることが多々ある

具体的には、経営が順調で同じ経営者が引き続いて経営していくならば、別段支障にはならないことや、多少差し障りがあっても時間をかければ処理可能なことが、会社を売却する場合には問題になることが多々ある。とくに株式譲渡の場合は、売却する側と同様に、買収する側も真剣であることを念頭においておく必要がある。

通常の商取引や、金融機関との取引であれば、多少の追加的な費用を負担すれば、取引を途中でキャンセルして、それより以前の状態に戻すことも可能である。したがって、ほとんどの場合には、付き合い上とか慣例に従って判断すれば事足りる。しかしながら、M&Aの場合には、買収側は100％納得しなければ、取引が成立することはまずない。

③ 短所や弱点がわかるようにしておく

会社の売却を決めてから、短期間に優良会社に変身するのは不可能である。大なり小なり過去の経営上の負の部分を残したままで、会社の売却を進めざるをえない。

大切なのは、上記①でも述べたように、自社のよい点や長所ばかりでなく、弱点も第三者が見てわかりやすくしておくことである。とくに、後述の決算書上の資産の計上の仕方や処理の仕方には、経営者の姿勢や考え方を自ずと出る場合がある。

悪いことは言いにくいが、M&Aの場合は、良し悪しの評価は別にして、第三者が見てもよくわかるようにしておくことが重要である。

④ 悪意のない非開示は要注意

最も注意しないといけない点は、悪意はなくても、売却の条件が悪くなることを危惧して、都合の悪いことを言いそびれてしまい、買い手側に指摘されるまで開示しないことである。場合によっては、M&Aの破談にもつながりかねないので、アドバイザーとしても売り手ともども肝に銘じておく必要がある。

また、こちら側から見て些細と思われる点でも、売却前に是正すべき点は是正する、直すことが難しい場合は、必ず前もって相手方に説明しておくことが、売却側としてM&Aを成功させる一つのカギである。この観点から、以下に主要なポイントを挙げる。

(2) 会社内容の開示・説明のポイント

① 人材
　従業員の平均年齢、賃金水準といった数字面のデータは、従業員名簿や賃金台帳を見れば十分理解できる。事業承継を目的とするM&Aの場合は、もう少し詳しく、各従業員の職能、職務経験を明確に示せるようにすることと、組織図も作成して各人の役割がわかるようにしておく必要がある。

　従業員数が数十名規模であれば、大抵の経営者は各人の職能、職歴を熟知しているケースが多いが、書面上でもわかるように整備することが肝要である。

② 固定資産
(イ) 機械・設備類
　機械・設備類については、現在の稼働状況や、簿価と照らし合わせて現在の価値の検証をする。固定資産の価値は、企業価値の算定にも影響するので良くも悪くもチェックしておく。

　資産性が低いとか、ないもので、未使用になっているものがあれば、売却を決断する際には処分しておくことも必要である。

(ロ) 土地・建物・付属設備
　土地について、過去の事例でとくによくあったのは、業歴の古い会社の場合に、工場敷地の隣地境界が永年の間に不明確になっており、境界の確認に手間取ることである。

　売り手としては、まったく悪気はないことだが、場合によっては確認

に数ヵ月を要することもあり、その間売却の話が中断してしまうので、事前によく確認しておく必要がある。建物についても、資産性はもちろんであるが、建築基準法上の問題がないかどうか、最低限の確認が必要である。

③ 流動資産
（イ）在庫、仕掛品

在庫や仕掛品のうち資産性のないものは、廃棄するか、アドバイザーに売却を依頼する際に、その旨を明確に伝えておく必要がある。税法上まったく問題ないことでも、第8章で後述する買収調査を受けるまでに告知しないでおくと、買収側の心証を悪くすることになりかねず、最悪の場合には、M&A自体が流れてしまう危険性もある。

（ロ）受取手形、売掛債権

受取手形で、当期の不渡り分があれば、明確にわかるようにしておく。売掛金も同様で、回収不能分はきちんと処理し、売却決断時に回収の遅れている債権も、適切に対応することが肝要である。

④ 取引先

買収側がまず興味を持つのは、売り手側の経営資源、技術や販売方法であるが、同様に取引先、得意先の顔ぶれに対する関心も高い。買い手の理想は、自社にとっては新規顧客で、利益率が高く、回収懸念のない先が主体になっていることである。

なお、取引先が大手企業であっても、必ずしも高い評価を得られるとは限らない。過去の事例でも、取引先に大手企業が入っており、売り手はある程度の評価を期待したが、取引そのものからは通常以上の利益率が認められず、買い手側から評価額の上積みが得られなかったケースもある。

逆に、これらの大手企業は仕入先の経営の変化に神経質な面があり、M&Aの決まった段階で説明等に相当の労力を割かねばならなかったこともある。

⑤ 買い手にとっての投資効率

　売り手は、人、技術、優良な納入先がある場合、薄利であっても自社の経営には優位性があると思いがちである。買い手は、受注の継続性や、回収の安全性といった事業の安定性だけではなく、投資効率の観点からも、通常は売り手の事業内容を評価する。

　したがって、M＆Aの買収額（＝投資額）の割に事業からの利益が低いとか、売り手の技術に汎用性がない場合には、売り手が期待するような評価が、買い手側からは出ない場合が多いと考えるべきである。

　売却を決断する前の主な留意点や注意点は以上のとおりである。ただし、以上に挙げた点のすべてを、何がなんでも売却を決断する前に完了しておく必要はないし、隣地境界の確認や重要書類、株券の完備等は時間的にも間に合わない場合もある。これらの点は、十分に把握しておいて、売却時の留意点として買い手側に十分説明して、M＆Aの進行が遅れないように取り進めることが肝要である。

5 M＆A進行中の留意点

（1）重要書類の取扱いと確認

① 会社の内容がわかる資料の準備

　前述のとおり、売り手のために最適な買い手を探すのは、アドバイザーとしての最初で重要な役割である。まず、自行の買いニーズの中から、買い手候補を選んで、本章第7節で後述するノンネーム・リストや会社の概要書を提示してM＆Aの話を打診するが、買い手候補が具体的に検討したいと申し出てくれば、検討材料として売り手の会社内容がわかる

資料を提供することになる。

　必要な資料は、会社、財務、固定資産、労務、人事、契約関係等、メーカーであれば設備関係と多岐にわたり、通常の商取引では考えられないほど、膨大な資料を揃えることが必要となる（図表8-2参照）。

② 提供される資料やそれにかかる時間から経営姿勢や体制を判断する

　アドバイザリー業務の実務では、アドバイザーは売り手とアドバイザリー契約を締結した段階で、売り手に対して会社内容がわかる基本的な資料の準備と提供を依頼する。

　売り手から出されてくる資料の内容と、提供依頼してすべての資料が揃うまでにかかる時間は、決算書には決して出て来ない、売り手の経営姿勢や経営の体制を推し量るうえで、重要な材料となるので、十分に見ておくことが肝要である。この点の評価を売り手に告げる必要はまったくないが、売り手の無形の会社価値を上げるためのアドバイスに活かしていくべきである。

③ 重要書類は経営者のコントロール下で管理されているか

　M＆Aの検討に必要な書類の準備を依頼するのと同時に、売り手には、普段あまり見ることがない書類の所在や内容を一度確認しておくことをアドバイスすることも重要である。

　なぜなら、M＆Aの話を進めていくなかで、帳簿、台帳、契約書等の重要書類が、経営者のコントロールの下に管理されているということ自体が、買い手候補側との売り手経営者の間で、信頼感や安心感を醸成することになるからである。

（2）最重要の秘密保持（売り手）

① 秘密保持は最重要事項

　M＆Aを推進していくうえで、売り手の秘密保持が最重要事項であるのは前述のとおりである。M＆Aは、売り手の経営者に他人には計りし

れない孤独感、不安感といった心理的な葛藤を強いることになる。

　Ｍ＆Ａが成立するまで、長い場合には、１年以上かかることも珍しくはない。この間に従業員、取引先等周囲に悟られないようにするのには、売り手の強固な精神力と厳密な秘密保持が不可欠である。

　もし、売却の動きが周りに知れてしまうと、Ｍ＆Ａどころか、以降の会社の経営にも大きな影響を与えることになりかねない。Ｍ＆Ａを進めていく際には、売り手のみならず関与者のすべてが、機密保持に細心の注意を払うことが肝要である。

② 秘密保持のための具体策

　秘密保持のための具体的な対策としては、アドバイザーは売り手との接触、連絡はすべて社外をベースにし、会社の時間外を原則とすることである。

　電話連絡は、すべて携帯電話で取り合う、ファックスは経営者の自宅に宛てる、また電子メールも経営者個人しか開けられないアドレスに送るようにする。昼間の面談での打ち合わせは、営業店や本部、ホテル等の喫茶室で行うべきである。

　何も悪いことをしているわけではないが、無用の雑音が入る余地は排除しておくべきである。このような細かい留意点や約束事は、通常はアドバイザリー業務を受諾する際に詳しく説明しておくことが必要である。

（３）文書による記録の重要性（売り手）

　文書の保管については、アドバイザーの役割として第４章第４節で詳述したが、以下の点については、売り手にも十分に説明、徹底しておくことが重要である。

① 記憶違いや思い違いの排除

　Ｍ＆Ａは、法務、税務が複雑に絡んだ業務である。これは、グループ

企業間の内輪の再編のような場合を除いて、それまではまったくの赤の他人だった同士の間で、株式や事業を売買することになるので、相互の利益保護を図るためには、どうしても複雑にならざるをえない。

したがって、M&Aの進行の過程で、合議事項を口頭での話し合いのみで済ませていると、記憶相違や思い違いによる行き違いが生じる可能性が高くなる。

軽微なことであれば修正できるが、重要な事項で誤解が生じた場合は、以降の交渉に支障を来したり、悪くすればM&Aそのものが流れてしまったりすることもある。不測の事態を防ぎ、M&Aを円滑に進めるためには、重要な節目では必ず要点を箇条書きし、買い手の確認を取ること、あるいは話し合いの直後に議事録を作ってお互いに保管しておくことが肝要である。

② **M&A後の税務と文書化**

次に、M&A後の税務の面からも文書化は重要である。

法務面では、契約書を適正に締結しておけば、取引当事者によほどの悪意でもないかぎり、後日売り手が困り果てることはほとんどありえない。

ところが、税務については、株式譲渡であれ事業譲渡であれ、売却後、売り手が税務申告する際には取引の関連文書が必要で、進行中の関係書類をきちんと残していくことが重要になってくる。経営破綻の救済的なM&Aでもないかぎり、事業売却からは譲渡益が発生するので、売り手は税務当局に所得申告する義務を負うことになるからである。

なお、株式譲渡の場合には、申告は株主個々人に任されるが、申告の際には株価の根拠を明確にする必要がある。しかし、株主が多い場合には、機密保持の点からM&Aが完結するまでは、売り手の経営者は各株主に逐一連絡するとか、資料を提供するわけにはいかない。

したがって、売り手経営者は責任を持って、各株主が申告の際に困らないよう、税務当局に説明ができる資料を整理して渡してあげる必要がある。

6 買い手へのアドバイス

(1) 買い手にはどのようなアドバイス、指導が必要か

① 買い手のニーズ

　第1章と第3章で見たように、日本企業が関わるM&Aは経済環境の変化に対応するように変貌しながら、海外を含めて多様化してきている。ただし、金融機関が最優先に取り組むべきである未上場企業のM&Aに限っては、売却の大きな動機は、やはり後継者不在が一番大きな要因となっている。

　戦後の日本経済の復興やその後の驚異的な高度成長を支え、そして今でも日本製品の高品質を支えているのは中小企業である、ということに異論はないであろう。未上場企業（＝中小企業）の売却の動機は、後継者を確保するためであるが、買い手側としては、売り手が持っている経営資源を積極的に活用し、自社の現業と併せてさらなる発展を図っていくという考えで取り組むことが求められる。

② 経験の乏しい買い手にもアドバイス、指導が必要

　第6章第3節では、M&Aの買いニーズへの対応について概説したが、具体的な売り案件に対応する際に、買い手が留意すべき主な点は下記(2)以下のとおりである。

　第4章第3節で述べたように、上場企業の一部を除いて、M&Aを経験した企業は稀である。未上場企業になると、買収を実施した企業はほんの一握りの企業しかなく、買い手としてもまず経験は皆無な企業がほとんどである。

　むろん、買い手の場合には、売り手と異なり、必要書類や説明資料を

準備する必要がなく、売却に当たって生じる利害関係者の調整も必要ないので、M＆Aに対する心構えや買い手自身が準備すべきことは少ないが、基本的な留意点をアドバイス、指導することは、M＆Aを成功に導くためのアドバイザーの重要な役目である。

売却時の留意点で述べた、秘密保持、文書主義は、意味あいは違うが、やはり買い手側としても留意すべき点であり、これらに加え、買い手側の留意点としては推進態勢を整えることも重要である。

(2) 推進態勢を整える

① 担当者、担当チームを決める

売り手が未上場企業の場合、社長自身が当事者になるからわざわざ推進態勢を組む必要はない。一方、買い手側は、中堅や大手企業というケースの場合、社長が自ら細かい実務の場に出てくることはないが（過去の事例）、案件を進めるには、当然のことながら担当者ないしは担当チームを決める必要がある。この担当者、担当チームを決める際には、次のように行う。

② 総責任者の指名

まず、経営陣の中から、専務か常務クラスをM＆Aの総責任者として指名し、その者にある程度の意思決定を任せる。もちろん、対象として挙がっている企業を買収するかどうかといった意思決定は、社長の専決事項になるが、それ以前の、書類調査の関連や相手方との折衝や、売買価格の調整といった細かい実務は、総責任者に任せるべきである。

M＆Aに関しては、担当者が通常の社内決裁と同じような稟議の手続きを取っていては、時間的に間に合わないし、秘密保持上も大いに問題がある。

③ 担当者は営業・技術関係と管理部門から任命

また、案件の規模と進捗段階によるが、当初、担当者は営業関係か技

術関係から1名、管理部門から1名、計最低限2名を任命しておく必要がある。過去の成功事例でも、営業、技術のわかった社員と管理部門の社員が担当している場合が多く、職掌が偏らないようバランスを取っておくべきである。

　これらの社員を、特命として前述の総責任者の指揮下につけ、プロジェクトチームとして推進していく態勢が望ましい。

④ 状況に応じて適正人員を投入する

　売り手が中堅企業以上の規模の場合、案件が進んで、買収調査を実施する段階になれば、チームを増員する必要がある。もちろん、買収調査は専門家が主体となって実施するが、製造の技術や販売のノウハウや、特殊な製品・商品は、その分野の専門知識がないと、財務、法律の専門家では評価しきれない（第8章参照）。

　そういった買収契約へ向けた評価のためと、M＆A後の経営を見据えた計画を策定するために、適正な人員の投入が必要である。

（3）最重要の秘密保持（買い手）

① 買い手にとっても秘密保持は最重要

　売り手同様に、推進中のM＆Aに関して秘密保持を徹底することは、買い手にとっても最重要の留意点である。後継者のいない経営者がM＆Aに踏み切れない大きな理由の3番目は、身売りの噂が流れ信用が毀損することへの危惧である（第5章第3節参照）。つまり、経営的に問題がなく、後継者が不在で売却先を探している場合などで、情報が漏れることによって、知らないうちに身売りの噂が立ってしまい、売り手企業の信用不安を引き起こす危険性を懸念してのことである。

　したがって、売り手の信用保護の観点から、買い手企業も秘密保持には細心の注意を払う必要がある。なお、買い手が、株式公開会社の場合には、インサイダー取引規制に抵触する可能性もあり、買収案件を経営

上の重要事項として管理を徹底することも重要である。

② 秘密保持の具体的対策

　買い手の場合も、アドバイザーや売り手が取っている管理法と同様の管理方法を取る必要がある。

　まず、社内で情報にアクセスできる社員を限定しておき、その他の社員には一切知られないようにする。アドバイザーとの連絡、打ち合わせは、売り手のように社外をベースに、時間外を原則にする必要はないが、打ち合わせは関係者だけに限定することと、関係者以外には聞かれない場所にする必要がある。電話連絡も携帯電話をベースとし、周りに聞かれないように、別室から電話をするか、アドバイザーからかかってきた場合には、いったん切ってから別室からかけ直す等の細心の注意を払う必要がある。

　当然、資料も厳重に管理する必要があり、不用意に机上に放置しない、手元の検討資料は売り手の実名は入れない、実名が表記されている書類は別室でしか読まない、保管も必ず施錠できるキャビネット等を使用する等の機密書類を扱うのと同様の注意を払う必要がある。

（4）文書による記録の重要性（買い手）

　関連会社や子会社の再編、統合目的以外で、第三者との間でM＆Aを行う場合には、買い手がM＆A後に税務で苦労することはないので、買い手は次の3点から、文書化、文書の保管に留意しなければならない。

　① 売り手同様に、M＆Aを進めている途中での行き違いを避ける。
　② M＆A後に、成約に至った経緯や買収額の適正さ等について、株主から説明の要請があった場合や、資料の開示請求があった場合に備えておく。

　　この場合、社内で揃えた資料や報告書に加え、アドバイザーや専門家の意見書、鑑定書を揃えておけば、M＆Aを実行する際の意思

決定が、恣意的なものではなく、客観的なデータや情報に基づいての合理的な判断であったことの証左になる。
③ 公正取引委員会等の公的機関からの照会に対しても備えておく。
　例えば、買い手が株式公開企業で、売り手がその下請けではないが従来からの取引先といったケースでは、取引が公正に行われたか、いわゆる「中小企業いじめ」的なことがなかったかどうか、公正取引委員会から買い手が照会を受けることがある。このような場合、買い手企業は、M＆A後も自己の利益を保護するために、当該取引の合理性と売買価格の妥当性を証明する必要があり、客観性のある第三者が作成した資料を保管しておくことが重要である。

未上場企業M＆Aのプロセス

（1）プロセスの全体像

　未上場企業がM＆Aに取り組む際の、売り手と買い手の主に留意すべき点は、前述したとおりである。本節では、未上場企業、とくに事業承継目的のM＆Aがどのような手順で進められるのか、また、その流れのなかで、アドバイザーが果たす役割や売り手と買い手の対応すべき点を概説する。
　図表7-3は、株式譲渡での未上場企業のM＆Aの標準的な実務の手順を表している。ここでは、左側に売り手、アドバイザーを挟んで右側に買い手を配置し、実務の流れ（実務の各段階）に沿って、行うべきことを記載している。このなかで、矢印は、「依頼」「質問」「回答」「書類の提供」等の方向を表している。そして、ここでは、仲介のアドバイザーを1法人（名）立てる場合を前提としているが、売り手と買い手が別々

図表7-3 未上場企業 M&A のプロセス

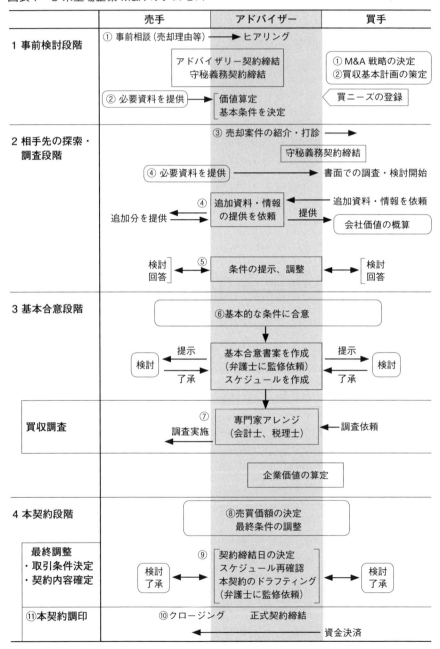

のアドバイザーを立てる場合も、進め方や手順としては同様である。

M&Aの進め方や手順は、アドバイザーを決めてから完了に至るまでは、図表7-3の左側の縦欄に示しているとおりで、次の4つの段階に大別される。

① 事前検討段階
② 相手先の探索・調査段階
③ 基本合意段階
④ 本契約段階

案件ごとに、各段階に要する時間や細かい手続きは異なるが、かなり例外的な案件でもないかぎり、いずれかの段階を飛ばして成約することはない。

なお、図表は事前検討段階（事業の承継先探しを依頼する段階）からの手順となっているが、第6章第2節で自社ルートから候補先を探した後で、アドバイスを依頼する場合にも、おおむね同様の手順になる。

(2) 各段階の留意点①──事前検討段階

【売り手】

「事前検討段階」は、M&Aの準備段階で、アドバイザーとの意思疎通を図るためにも重要な期間である。

① **事前相談**（図表（図表7-3。以下同）中「売り手」の①）

事業承継目的のM&Aはアドバイザーを決めることが不可欠で、第一歩は、アドバイザーへの事前相談から始まる（第4章参照）。「M&Aの基本的な考え方や進め方を知りたい」「具体的に検討したい」等、事前相談の内容はさまざまである。いずれにしても、アドバイザーからは、簡単な会社資料を持参する、あるいは相手先が決まっているのであれば、相手先の概要がわかる資料も持参して説明することになる。

この段階で実施する初期のヒアリングについては、第6章第4節で詳

述のとおりである。

② **必要資料を提供**（図表中「売り手」の②）

　事前相談とヒアリングの結果、売り手がアドバイザーに業務の依頼を決めれば、アドバイザリー契約（第4章参照）との秘密保持契約（第6章参照）を締結する。

　アドバイザリー契約を結ばれたら、アドバイザーは、売り手に対して第8章で後述する図表8-2の資料の提供を依頼し、その提供を受ける。

（イ）必要資料の範囲

　業種や会社によっては、不要な資料や追加が必要な資料はあるが、図表8-2の範囲内の資料が基本となる。

（ロ）資料の検証・評価

　資料を使った企業や事業の検証と評価方法は、第8章で後述とおりで、この段階では、次の目的で資料を使って検証・評価することになる。

　ⅰ　**会社や事業価値の概算**

　　・会社価値の概算

　　　株式譲渡であれば、第8章第2節の方式で株価の概算を算定する。

　　・譲渡資産の範囲や価額の試算

　　　事業譲渡であれば、第8章第6節の方式で譲渡対象資産の範囲や価額を概算する。

　ⅱ　**打診用の資料**──ノンネーム・シート、**事業概要と補足説明の作成**

　　以上の作業の結果、買いニーズ・リストにある買い手候補先に打診するための、売り手の名前を伏せた図表7-4のノンネーム・シートと呼ばれる、簡単な紹介資料を作成する。

　　また、売り手が作成している会社案内や概要書とは別に、売り手の長所を明確にする目的で、会社や事業の特性がわかる概要書を作成する（図表7-5参照）。さらに、会社の概要や内容で説明を要するものは、箇条書きでよいので、その説明の文書を作成する（図表7-6参照）。

図表7－4　　　　　　　　　　　　　　　　　ノンネーム・シート例

A社概要

1　所在地　　○○県
2　業種　　　特殊印刷及び事務用品製造・販売
3　資本金　　40百万円
4　業歴　　　約35年
5　売上高　　約12億円
6　従業員数　約50名
7　要約貸借対照表　（単位：百万円）

資産	簿価	推定時価	負債	
流動資産	180	170	流動負債	130
固定資産	420	650	固定負債	270
			資本の部	200
合計	600	820	合計	600

※固定資産は土地を評価替え（約230百万円増）
　　　本社の底地：面積　約350坪
8　その他
(1) 意匠登録、商標登録を多数所有
(2) ISO9001取得済み
(3) 2002年、上海に中国現法を設立済み

　　　　　　　　　　　　　　　　　　　　　　　　　　　以上

　財務面、営業面、労務面、対外契約、子会社や関連会社等で元資料だけではわかりにくいような項目については、説明を付けておいた方が、質問や回答のやり取りに余分な時間をかける必要がなくなる。

③ 価値を算定し、基本条件を決める

　以上のような作業により、売り手の会社価値や事業の価額が概算できるし、長所、問題点、課題もかなり明らかになる。それらに基づいて、売り手と打ち合わせて売却の希望価額や各種の条件を決めることになる。

　もちろん、これらの条件は、買い手候補が現れた後の話し合いや折衝

図表7-5 会社や事業の特性がわかる概要書

1 会社概要
(1) 所在地　　○○県
(2) 設立　　　約40年
(3) 売上高　　約12億円
(4) 従業員　　約20名
(5) 知的所有権　意匠登録3件、商標登録3件、特許申請中1件
(6) その他
　① ISO9001取得済み
　② 200X年上海に中国現法を設立済み

2 事業概要
(1) 主な製造品目
(2) 受注・製造・販売体制

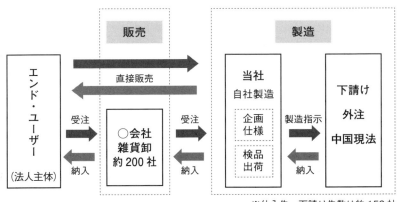

※仕入先、下請け先数は約150社

の過程で、変わることが通常であり、アドバイザーとしては売り手にはある程度の含みや幅を持つように納得してもらうことが重要である。

④ **ネガティブ・リストの作成**

　それと同時に、ネガティブ・リスト（第6章第4節参照）を作成する。ネガティブ・リストは、売り手が、買収の打診をしてもらいたくない企業名を記載したリストで、事業承継目的のM&Aを同業者や自社の周辺の業者には知られたくない、という思いは信用保全の面からすれば至極当然のことである。

⑤ **スケジュール表の作成**

　基本条件が決まれば、通常、アドバイザーは図表7-7を骨子とした

図表7－6 会社概況

会社概況

○○社の資本、事業の概況は下記の通りとなっています。

1　株主
① ×× 専務（退職済み）保有分の50株を額面250万円で買戻し予定
② 持株比率5％の○社は社長の長男が経営

2　事業概況
① 事業内容―損益計算上の売上高別
　・商品別売上―商社的な取引、完成品や製商品を仕入れ・販売
　・外注別製売上―主として外注先に製造を委託
　・自社別製売上―主として自社で製造
② 製造販売体制
　・受発注・生産体制は概ねフロー図の通り
　・販売先―全国200社強○業者、雑貨卸業者が主体
　　小口分散になっており、販売に係る与信リスクは極めて低い
　・仕入先・外注先―約150社で製品別に発注
③ 特徴
　・個別オーダー製品の製造に強みあり
　　全国ベースでも同業者は少ない
　　長年の実績に裏打ちされた製品精度の高さ、短納期での製造に対する評価は高い
　・管理システムが優れている
　　多品種少量生産に対する管理システムが確立している
　・在庫が少ない
　　以上の短期での受注・生産・納品システムにより在庫負担は極めて低い
④ 課題
　・商品開発、企画力の強化
　・従来ルート以外での販売先や直販ルートの開拓

3　所有不動産―登記簿謄本の通り
　　○○に本社屋と隣接地に配送センターを所有
　　両物件で約200坪、推定時価××万円／坪

4　上海現地法人―別資料の通り
　・今年 x 月 x 日に登記完了
　・共同出資者㈱○○は当社の長年の得意先
　・設立の狙いは、
　　廉価品の製造を順次移管しコスト低減を図る
　　成長する中国マーケットでの将来的な活動拠点とする

　　　　　　　　　　　　　　　　　　　　　　　　　　　　以上

スケジュールを売り手に説明する必要がある。ただし、推定所要期間については、あくまでも目安であり、買い手候補先が現れるかどうか、また買い手候補先の事情により、かなり伸縮することを納得してもらう必要がある。

また、事業承継目的のＭ＆Ａの売却先が自社ルートですでに決まっていて、手続きや進め方のアドバイスの依頼を受けた場合には、案件に着手する前に、「基本合意」（図表7−7参照）以降のスケジュール作成し、売り手に進め方を説明する。売り手の場合、会社を売却するのは初めてというケースがほとんどなので、進め方について理解してもらうことと、スケジュール感を持ってもらうことが重要である。

以上の作業には、売り手の規模や業種や内部事情にもよるが、ほとんどの場合、1ヵ月以上かかることも珍しくはないし、拙速で肝心なことを見落とすことは禁物である。

【買い手】
① Ｍ＆Ａ戦略の決定（図表中「買い手」の①）

Ｍ＆Ａは経営目標を実現する手段であり、Ｍ＆Ａを事業拡大の手段に

図表7−7 事業承継Ｍ＆Ａの手順説明例

	内容	推定所要期間
買い手候補探し	譲渡先の探索 追加資料の依頼 相手先との面談 会社の見学	3〜6ヵ月
基本合意	基本合意書締結 買収調査 最終条件の話し合い	2〜3ヵ月
本契約	最終契約書案作成 取締役会の開催 最終契約調印	2〜3ヵ月

採り入れるかどうかには、経営面での極めて高度な意思決定が必要である。

　経営者は、自社の将来を見据え、自社にとって何が重要で優先的な課題なのかをまず見極めなければならない。事業規模の拡大であれ、新規事業の展開であれ、経営目標の方向をはっきりさせてからでないと、目標実現の手段としてM＆Aを選択することが適切かどうかの判断はできない。

　今や多くの企業がM＆Aを成長戦略として打ち出し、国内外を問わず積極的な買収を展開している（第1章参照）。戦略性の高い積極的なM＆Aを展開するには、経営陣の自社の将来像を描く能力と果敢な決断が不可欠である。

② **買収基本計画の策定**（図表中「買い手」の②）
（イ）人的・組織的措置

　M＆A成長戦略の採用を決定したら、次に案件推進のためにM＆Aの担当者、担当部門を設置するなど、人的・組織的な措置が必要になる。実務グループに人的な余裕がなければ、財務や企画担当の取締役の担当とするのも一つの方法である。買い手の場合、経営者以外に社内でM＆Aを常に考えて、情報収集や企画ができる役職員がいないと、戦略として具体化していくのは極めて困難である。

（ロ）進出する事業分野の明確化

　担当部門などの実務グループは、自社の経営目標に基づき、M＆Aによって進出する事業分野を明確にする必要がある。「何でもいいから会社が欲しい」ということではM＆Aの成功は到底望めない。方向性のない計画ほど危険なものはないからである。

　とくに、国内なのか海外なのか、周辺や関連の事業へ進出するのか、異業種や新規の事業へ進出するのかによって、以後のM＆A戦略は大きく異なってくる。経営目標を達成するのに適合する分野は何かを十分に検討することが重要なのは第2章に述べたとおりである。

（ハ）スケジュールの策定

　Ｍ＆Ａの分野が決まれば、次にＭ＆Ａのスケジュールを具体化しなければならない。この段階で、情報を豊富に持っている金融機関やアドバイザーなどに相談し、アドバイスを受けることも必要である。あらゆる情報を総合して、事業の展開をしていくのに最適な時期（いつ）、地域（どこで）、投資額（いくらで）を十分検討し、Ｍ＆Ａ基本計画（スケジュール）を決定しなければならない。

　この段階では、まだ具体的な買収案件はないが、基本計画を練り上げていく過程で、「買収したい企業＝自社の成長戦略」に合う企業、の輪郭が浮かび上がってくる。この基本計画を策定しないと、いつまで経っても、Ｍ＆Ａの戦略は抽象的な状態のままとなる。

③ **買いニーズの登録**

　以上のような、Ｍ＆Ａ戦略と計画の骨子ができれば、大手企業であっても自社のルートだけで売り案件を探すのは難しいから（第6章第2節参照）、金融機関やアドバイザーに買いニーズとして登録する必要がある。

　買い手から相談を受けた場合、金融機関としての初期の対応、ヒアリングの実施要領は第6章第3節のとおりである。

（3）各段階の留意点②　　　──相手先の探索・調査段階

　売り手は、準備ができれば、いよいよ売却を打診する候補先を探すことになる。また、相手が決まっていれば、次のステップで必要資料を提供することから始まる。

　この段階は、相手先探しから始まる場合は、普通でも半年ぐらいかかるし、初めての候補先との間で成約に至るとは限らない。売り手側にとっては、忍耐力が必要な期間が続くことになる。

① **売却案件の紹介・打診**（図表中の③）

　アドバイザーは、売り手と打ち合わせて、買いニーズ・リストに登録されている会社に売り手を紹介し、その意向を打診する。打診の結果、買い手が興味を示し、具体的に検討したいとの回答があれば、売り手の了承を得て、上記で準備した資料を提供することになる。提供の際には、買い手候補先と売り手の間で守秘義務契約を取り交わす。

② **必要資料を提供**（図表中の④）――**買い手候補が内容を検討、調査、分析**

　買い手候補先は、自社だけではなく通常はアドバイザーと専門家にも依頼して、資料に基づいて企業や事業の検証と評価を実施する（第8章参照）。売り手のアドバイザーは、資料以外に前述の事業の説明書や内容を補足する説明書も提供するが、通常は、買い手側からさまざまな質問や追加資料の要請がある。

　質問の内容が、かなり売り手の企業秘密や従業員の個人情報に関わるようなことであれば、この段階では回答を保留し、場合によっては断ることもある。非常に難しいことだが、売り手のアドバイザーには、買い手側からの質問や追加資料の要請について、内容や意味合いを明確に仕分けしていくことが求められる。

③ **基本的な買収の条件を提示**（図表中の⑤）

　以上の書面での企業や事業の評価が終われば、買い手側から、案件をさらに進めるかどうかの回答がある。さらに進めることになれば、基本的な条件の提示となるが、大きくは、譲渡の形態、譲渡の価額、その他の引継の条件についての提示になる。

（4）各段階の留意点③――基本合意段階

　基本的合意段階は、基本的な条件に合意して、Ｍ＆Ａの最終的な条件を決めていくために、買い手が売り手の内容を最終確認する段階となる。

① **双方が基本的な条件を合意**（図表中の⑥）
(イ) 基本合意書ないしは覚書の締結

　この段階では、上記（3）③（図表中の⑤）で提示された条件について、売り手と買い手の間ですり合わせを行い、修正を加えることになる。双方が基本的に合意すれば、基本合意書ないしは覚書を取り交わす。

　アドバイザーは、上記の基本的な条件を盛り込んだ基本合意書・覚書の案（ドラフト）を作成し弁護士の監修を受ける（基本合意書の内容については第9章参照）。

(ロ) スケジュール表の作成

　また、この段階では、基本合意書・覚書の作成と並行して、正式契約までに当事者（売り手・買い手）とアドバイザーが済ますべき手続きや用意すべき書類を一覧表にしたクロージング・スケジュール表（図表7-8参照）を作成する。形式は適宜であるが、必要な手続きに漏れがないようにしておく。

② **買収調査の実施**（図表中の⑦）

　基本合意書・覚書の締結後、買い手側は買収調査（第8章参照）を実施する。買収調査は、高い専門性を必要とし、期間が限られることから、買い手が選んだ公認会計士、税理士、弁護士等の専門家が協働で行う。

　なお、「買収調査」は、以前は、「買収監査」とされていたが、当事者間で任意に行う調査であり、上場企業に対する法定の監査と区別するために、最近では「買収調査」とされている。また、最近では、買収調査ではなく、デュー・ディリジェンス（頭文字を取って「ＤＤ」）と言われるが、趣旨は買収調査とほぼ同じである。

(5) 各段階の留意点④──本契約段階

　買収調査の結果、売り手側に問題になるような瑕疵がなければ、正式契約に向けて、条件の最終調整を行い、契約締結、資金決済で完了を目

第 7 章　M＆Aの実務プロセス

図表 7-8　クロージング・スケジュール表の例

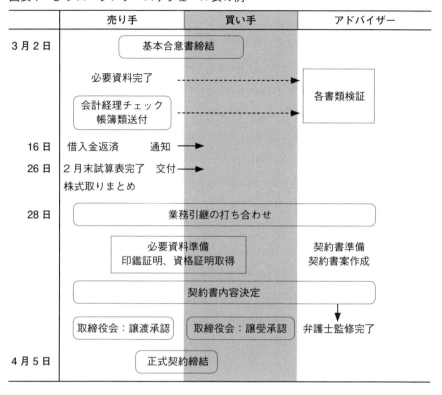

指す段階が本契約段階である。

① **売買価額の決定**（図表中の⑧）

　買収調査の結果を踏まえて、買収側から、最終的な売買価額と最終の条件について提示される。売買価額については、買い手側から、企業価値の算定（第 8 章参照）を行い、資産の評価や査定の結果を加味して、買収希望価額の提示がある。

② **最終条件の調整と決定**（図表中の⑨）

　売買価額以外の条件については、通常、この段階（基本合意書の締結時）までに、大筋ないしは基本的な条件は決めておく。買収調査でよほど不側の事態でも発覚しないかぎり、後は細かな調整について打ち合わ

せ、正式契約書に盛り込む内容を確定することになる。

　M＆Aの形態別の契約書作成のポイントは第8章で後述するが、アドバイザーは契約書の草案（ドラフト）を作成し弁護士に監修を依頼する。草案の作成（「ドラフティング」と呼ばれている）は、アドバイザーの技量が最も試される作業でもある。

③ 継承事項について

　株式取得によって、売り手の事業を承継した後、事業の継続に必要な次の諸点について、契約書に明記する。

　従業員、得意先、仕入先、各種契約について、これらの当事者に対する、M＆A完了の発表、告知のタイミング、またその方法を十分に事前に打ち合わせることが重要である。

ⅰ　役員の処遇

　　売り手側役員のうち残留する役員とその地位、買い手側から送り込む役員とその地位について明示する。

　　退職役員に対する慰労金を取り決める。

ⅱ　売り手オーナー経営者の個人保証の解除

　　中小企業の場合、会社の借入れをはじめとする債務に対してオーナーの経営者が連帯保証している。事業承継目的のM＆Aの場合、所有権と経営権が買い手側に移転するので、売り手のオーナー経営者の保証を解除する必要がある。

ⅲ　法定の届け出

　　法定の届け出は、最終契約締結後に買い手側が実施するが、売り手も必要であれば協力する旨を明記する。

④ クロージング（図表中の⑩）

　クロージングとは、正式契約の締結、重要文書の授受、印鑑の授受等の経営権と所有権が移転する手続きの総称である。

ⅰ　正式契約の案を作成

　　アドバイザーは、上記の最終的に合意した条件を盛り込んだ正式

契約の案を作成し弁護士の監修を受ける。
ⅱ 契約日と必要書類の準備
　契約書の準備と併行して、正式契約締結日を決め、クロージングへ向け必要書類の準備を取り進める。

　必要書類等は、株式譲渡の場合はおおむね図表7-9のとおりである。正式契約日までに売り手、買い手にこれらの書類の準備を依頼し、遅くとも契約日の3～4日前には、必ず現物を確認する必要がある。

⑤ 本契約の調印（図表中の⑪）
すべての準備が完了すれば、売り手・買い手とアドバイザーが会して正式契約を締結する。

調印式は、通常は次の手順で取り進められる。

図表7-9 クロージングの必要資料等

● 売り手
・委任状
　各株主からの株式譲渡に関する委任状。
　印鑑証明、法人株主は資格証明も必要。
・取締役会議事録
　株主の譲渡制限のある場合、譲渡承認決議が必要。
・株券の現物
　券面上の法定・定款記載事項の確認。
　ただし、株券が不発行の場合は、株主名簿。
・退職役員の辞任届
・譲渡代金領収書
・その他
　株式譲渡代金を振り込む場合は、各株主の振込口座を確認しておく。

● 買い手
・印鑑証明、法人の場合は資格証明も必要。
・株券の受領書（株券が不発行の場合は不要）
・その他
　決済方法（小切手、振り込み）を事前連絡。

ⅰ 必要書類の確認
　　売り手：委任状、取締役会議事録、役員辞任届等
　　買い手：印鑑証明、資格証明等
ⅱ 契約書の読み合せ
ⅲ 調印（署名捺印）
ⅳ 株券の交付
ⅴ 資金の決済

以上で契約面での株式取得によるM＆Aは完了する。

第III部　M&Aの具体的実務

第8章

企業評価と価格の算定

本章の内容

企業評価の目的と評価の手順

　M&Aの買収前調査の目的は、大きくは、成約に向けた準備、M&A後の経営に向けた準備、売り手の事業性の評価の3点である。買収前調査の手順は、売り手から提供された書面での調査と、それに基づく買収調査（デュー・ディリジェンス）の2段階となっている。

買収価格と営業権

　買収調査の結果、買収価格と買収条件を最終的に確定するが、価格の決定には営業権の算定も大きな要素となる。

　営業権は、一般的にいわれる"のれん"ではなく、あくまでも対象企業や事業の収益力から算定される。現在では、超過収益力から算定する方法とＤＣＦ（Discount cash flow）から算定される2つの方法が主流となっている。

事業譲渡の活用

　事業譲渡は、株式取得に次ぐM&Aの手法として、事業部門の買収、合弁、企業や事業の再生に活用されている。事業譲渡では、契約の売買当事者が企業同士となること、取引対象が株式の譲渡ではなく事業に必要な個々の資産の売買である点が、株式譲渡との大きな相違点である。

1 M&Aの成約に向けた調査・分析、評価

　M&Aは売買取引であり、買い手のM&Aの目的は、自社の成長戦略に基づく経営目標を実現することである。そのため、売り手と買い手のアドバイザーは、最終的な売買価額を決め、M&A後の経営を円滑に行うための事前調査を実施することが必要となる。

　逆に言えば、M&A後の経営を見据えて、潜在的なリスクや支障の有無を検証し、経営改善や効率化を図るための情報を得ることが事前調査の大きな目的である。そのため、事前調査では、財務の健全性、事業の体制や人事、対外的な契約などを精査検証することに主眼が置かれる。

　以下では、未上場企業を株式で買収する場合の、事前調査・分析について概説する。

（1）買収前調査の概要

　買収前調査は、時系列的には、事前・予備調査に当たる書面での調査と買収調査とで成り立っている（図表8－1参照）。

① 書面での調査（事前・予備調査）

　書面での調査は、当事者のどちらからM&Aの申入れがあって、両者が話を進めることに基本的に合意し、会社内容調査のための資料（図表8－2参照）を受領するところから始まり、基本合意締結までが調査期間になる。なお、この期間は、売り手の企業規模の大小や、売り案件の入って来たルート（第6章参照）によるが、2～3週間は必要である。

　書面調査の主な目的は、基本合意書（第9章参照）の内容に必要となる、会社や事業の価値の概算を算定すること、それと基本的な条件を決めていくことにある。

図表 8−1 買収前調査のフロー図

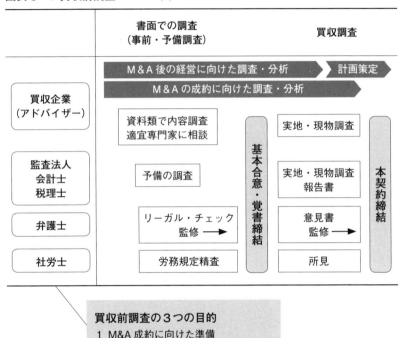

もちろん、書面での調査なので、調査には自ずと限界があるが、基本合意書締結後に実施する買収調査の準備段階として重要な調査である。案件によっては、この書面での調査の結果が思わしくなければ、買い手側がM&Aそのものを断念することも稀ではない。

② **買収調査**

買収調査とは、書面での調査を受けて、実地に売り手の建物・設備を見る、商品や在庫の現物に当たる、そして帳票類の現物を調査する等の調査をいい、通常、基本合意締結後の1ヵ月以内に実施される。調査期間は、売り手の企業規模の大小や書面調査で得た内容によるが、書面での調査と同様2〜3週間は必要である。

第8章　企業評価と価格の算定

図表 8-2 会社内容調査のための資料リスト

Ⅰ 会社の基本情報について

1	会社概要	
2	履歴事項全部証明書	会社、事業の概要の確認
3	定款	株主の確認
4	株主名簿	

Ⅱ 財務諸表関連

1	決算書（付表付き）3－5期分	会社価値の概算の算出に重要
2	法人税務申告書	企業のクセを見る（よい意味、悪い意味）
3	現在進行期の試算表	時価のある資産は推定時価を出しておく
4	勘定科目内訳明細書	付表をよく見る
5	固定資産明細書	（未収、未払、仮払、仮受等の科目）
6	不動産登記簿謄本	在庫の確認と評価
7	金融機関借入明細	償却不足の有無
8	差入保証金およびその契約内容	金利水準の確認

Ⅲ 事業の体制と状況

1	組織図・従業員配置図	買収後の効率化、改善策の検討
2	各事業の概要	
3	主要販売先と販売実績	顔ぶれや取引シェアの確認
4	主要仕入先と仕入実績	買収後の取引方針を立てる

Ⅳ 人事・労務関係

1	役員名簿、経歴書	
2	従業員名簿、職務経歴書	
3	給与の明細表	キーマンの確認
4	労務関係諸規定	給与水準、職務の関係を確認
5	労働組合との協定等	

Ⅴ 契約関係に関する情報

1	賃貸土地・建物の契約内容	
2	リース契約一覧	買収後に契約の変更が可能かどうか
3	継続的取引契約	契約内容の確認（不利な条項がないか）
4	他社との業務提携契約	解約に係る違約金等の有無および金額
5	その他重要な契約	

Ⅵ その他重要事項

1	子会社・関連会社に関する情報	引き継ぐかどうか、子会社、関連会社の現況
2	営業に関する許認可	更新時期の確認
3	裁判、係争事の有無	
4	偶発債務関係	不存在を確認する
5	第三者への債務保証など	
6	その他の重要事項および情報	

③ 専門家との協働

　両方の調査とも、専門家との協働が必要である（図表8-1参照）。

　監査法人には、買収調査時の主として実地・現物調査を依頼する。書面での調査時には、税務や会計に関して、買い手が自社の顧問の税理士や会計士に所見を求めることもある。

　法務や労務面での調査については、受領した書類に基づいて買い手側の担当部署で相当程度まで内容のチェックが可能で、弁護士と社労士には買収調査時に意見書や所見を求めることが主となる。

(2) 買収前調査の3つの目的

　買収前の各種の調査・分析や評価には、大きく分けて、①M＆Aの成約に向けた準備、②M＆A後の経営に向けた準備、③売り手の事業の継続性・発展性を判断する、という3つの目的がある。

① M＆Aの成約に向けた準備

　M＆Aの成約に向けた準備とは、売り手の企業価値や会社価値を算定し、M＆Aについての双方の条件を確定させるための作業である。この作業には、各分野の専門家との協働が不可欠となっている。

② M＆A後の経営に向けた準備

　M＆A後の経営に向けた準備とは、M＆Aの成約へ向けた準備と同時進行で、M＆A後の事業計画を描くために、売り手の内容を調査・分析、評価することである。この作業でも、各専門家の意見を取り入れることが不可欠である。

　ただし、買い手は、買収調査を通して、自社が主体となって専門家とは異なった経営的な視点から、経営情報を収集していく必要がある。専門家は、買い手の依頼に応じて、調査・分析をしたり、他社の事例等についてのデータを提供してくれたりし、また、調査の過程で、明らかに違法行為あるいは脱法行為が見つかれば、是正したり適正な処理の仕方

について指示してくれたりするが、経営的な判断にまでは及ばないし、そこまで求めるのは誤りである。

経営上の判断をするのはあくまでも買い手であり、そのためにいかに周到に経営情報を収集し分析したかが、M＆A後の経営の成否に大きく影響することになる。

③ 売り手の事業の継続性・発展性の判断

M＆Aの成長戦略にとって、買収した企業の事業が継続し、かつ発展していくことは大前提である。そのため、買収前に売り手の財務の健全性や事業の発展の要素を見ておくことは不可欠である。

もちろん、完全無欠な会社はありえないし、「よい会社」はなかなか売りに出ない（第6章第1節参照）から、投資額も嵩むことになる。したがって、調査は、健全性については、平均的に見て無理な点やむだがないか、また発展性については、自社にはない要素やいわゆる「磨けば玉になる」要素がないかといった点に主眼を置くことが肝要である。

2 企業と事業の書面での内容調査

（1）書面、資料の開示

① 資料から事業内容を評価

両当事者がM＆Aの話を進めたいと合意すれば、買い手側は売り手側に「会社内容調査のための資料」（図表8-2参照）の提供を求める。もちろん、資料の種類や項目は企業規模や業種で異なるが、ここで示した範囲の資料は検討するために必要になる。なお、通常は、売り手は事前にアドバイザーと打ち合わせしているので（第7章第7節参照）、資料も準備されている。

買い手は、これらの資料を基にして、書類面から基本的な事業内容を精査し事業を評価する。

　むろん、資料の開示は売り手側の企業秘密の開示になるため、必ず守秘義務契約書や秘密保持協定書を締結することが必要である。

② 添付説明文の意味

　また、これらの資料に加え、会社の概要や決算書の中身で、説明を要する事項については、売り手側から文書での説明も添えられている。例えば、財務諸表の中で、長期未回収の売掛債権や役員や従業員個人への仮払い、貸付金等がある場合、簡単であっても、その理由や現況、これからの処理方法等について説明されてあれば、買い手に余計な憶測や疑念を抱かせることもない。

(2) 書面での調査の目的と留意点

① 調査の具体的な目的

　書面での調査は、買収調査の準備段階だが、買い手にとっては、「会社内容調査のための資料」（図表8-2参照）を基に潜在的なリスクの有無や買収する場合の支障の有無を確認し、そしてM&A後の経営を見据えた経営的な観点から、経営の改善策や効率化を図る情報を得ることが大きな目的となっている。

　そのために、調査は、財務の健全性を見ること、事業の体制や人事、対外的な契約、等を精査することに主眼が置かれる（本節(3)参照）。

② 買い手が留意すべき点

　ⅰ　財務関連では、異常値を把握することと、財務分析をする場合には、平均値や比率に捉われない絶対値の差異も把握すること。

　ⅱ　書面の中身を見ていて、腑に落ちないことや納得ができないことは、必ず答えを得るか、買収調査の課題としてリストアップする。これは買収調査のポイントを明確にするためで、この段階での作

業の如何によっては買収調査の焦点がぼやけてしまう。

(3) 基本情報と財務諸表の検証

① 提供された資料の範囲内での調査が原則

「会社内容調査のための資料」（図表8－2参照）が整えば、売り手への追加資料の依頼や聞き取り調査も加えて、以下の確認作業を一定期間内に実施する。

この段階では、提供された資料の範囲内での調査が原則で、売り手が元帳や第三者との原契約すべてを開示することはない。しかし、ある程度の信頼関係があれば、原書類については開示してもらう方が作業期間の短縮につながる。基本合意書や覚書の締結後に、買収調査で元帳や原簿との突合や現物検査、調査等を実施するが、その準備のためにも、ここでの調査と確認は必要な作業になっている。

② 会社の基本情報

「会社内容調査のための資料リスト」（図表8－2）の「Ⅰ 会社の基本情報について」に基づいて、事業の概要が推定していた内容と同様かどうかの確認や、定款の内容や株主の状況から事業譲渡を決定する際の阻害要因がないかどうかを中心に確認する。

株式譲渡や事業譲渡は、経営者だけではなく、最終的には株主の同意が必要であるから、買い手側は、株主の顔ぶれはよく見て、株式や事業の譲渡に支障がないかどうかを確認する。

③ 財務諸表関連

（イ）精査、検証の基本的な考え方と手法

関連財務諸表は、企業の事業活動の結果や決算時点での財務状況を表したもので、企業の長所や短所を反映している。このため、基本的な内容調査は、財務や資産面だけではなく、取引先、仕入先の顔ぶれや取引の諸条件等の営業面、また資金調達方法等の金融基調、といったM＆A

後の経営に関する重要情報を得ることと、会社価値の概算に必要な基本情報を得る作業として位置づけられている。

書面のみでの調査では限界があるが、要は、計数に異常値がないか、会計と税務の処理が妥当かどうかを見ることと、会社価値の概算額を算定しておくことに主眼をおく。したがって、貸借対照表や損益計算書の内容を見るために、決算書の付表に記載されている各項目を検証することも重要である。

(ロ) 貸借対照表

貸借対照表、損益計算書の精査、検証の対象となる項目と精査や検証ポイントは図表8-3のとおりである。また、決算書は、3～5期分が提供されるので、勘定科目ごとに3～5期分を比較し、異常値がないかを検証する。

i 流動資産

流動資産の主な科目の精査・検証のポイントは図表8-3上表「資産の検証」上部のとおり。各科目から資産の健全性を見るのは当然であるが、会社価値を算定するために、資産性のないものが含まれていないかどうかを見ることも必要である。とくに、売掛債権の滞留分や棚卸資産には、経営のクセが出ている傾向があるので、子細に見るべきポイントである。

ii 固定資産

固定資産の主な科目の精査・検証のポイントは、図表8-3上表「資産の検証」下部のとおり。土地や株式等の「時価のある資産」については、推定時価を算出しておく。子会社がある場合、その株式の価値については、本章と同様の作業によって価値を算定することになる。「償却対象資産」については、償却不足がある場合には不足額を算定し、また、会社価値の算定に重要な要素となるので、時価を算定しておく。

「含み損益がある資産」のうち、賃貸等の保証金については、差

第8章　企業評価と価格の算定

図表8-3 財務諸表の検証

資産の検証

資産の科目	精査・検証のポイント
流動資産	
現金	現金有り高帳との突合
預金	銀行残高証明との突合
受取手形	不渡りの有無
売掛金	長期滞留、未回収債権の有無
棚卸資産	減耗損、不良在庫の有無
仮払金、前払金	資産性の有無
立替金	資産性の有無
固定資産	
＊時価のある資産	
土地	
投資有価証券	時価を確認し、含み損益を算定
ゴルフ場会員権	
子会社株式	
＊償却対象資産	
建物、付属設備	
構築物	→ 最終的には時価を確定する
機械設備	
車両運搬具	償却不足の有無を確認
開業費	
営業権	
ソフト開発費	
＊含み損益がある資産	
保証金	解約時の返金額
保険積立金	解約時の返戻金

負債の検証

負債の科目	精査・検証のポイント
支払手形	買収調査時の基礎資料
買掛金	仕入れ分、その他の確認
未払金	費用性の有無
未払費用	
預り金	根拠となる取引、契約の有無
預り保証金	
借入金	銀行借入明細で確認
引当金	法定の範囲内
退職給与引当金	積立て不足の有無

入れ保証金と退去時の返金額とを算定する。役員保険については、解約時の返戻金がある場合には簿価との差額を算定しておく。
iii 負債
　　負債の主な科目の精査・検証のポイントは、図表8-3下表「負債の検証」のとおり。負債の中では、会社価値に影響がある、退職給与引当金について、引当不足を算定しておく。
iv 損益計算書
　　損益計算書は、会社や事業の価値を算定するためと将来性を判断するために、最も重要な財務諸表であり、すべての項目について綿密に精査・検証を実施する必要がある。

　　精査と検証の主な目的として次の2点が挙げられる。
- 処理の妥当性や不適切な支払の有無を精査すること。
　　　例えば、家賃やリースの支払があれば、契約書と一致しているかどうか、支払の根拠を確認する。
- 事業の収益性の分析。
　　　粗利益率、営業利益率、経常利益率、税引き前利益率の各利益率の推移を分析し、損益の傾向を把握する（第2章第2節(4)③参照）。

　　　それに、各費用項目の精査から得られた情報を基に、さらに効率化、合理化できる費目を洗い出して、M＆A後の利益率改善の方策を検討する材料とする。

（4）事業の現況の調査

　財務諸表は、企業の事業活動の結果を表している。組織や人員配置、顧客、仕入先といった要素は、その結果を導き出すための源泉、つまり経営資源となっている。これらは会社の将来の業績に密接に関係する要素で、図表8-2のリスト上に記載のある「Ⅲ 事業の態勢と状況」「Ⅳ

人事労務」「Ⅴ 契約に関する情報」「Ⅵ その他重要事項」についての調査は、買収前調査を通して、M＆A後の経営に関する重要な情報を得ることが主な目的となる。

① 事業の体制と状況
（イ）組織構造と従業員の配置

　事業の体制と状況については、上記のような観点から、組織構造や従業員の配置を精査、調査して、現状の組織や統治システム、それに営業活動や生産活動の効率性を分析することに重点をおくことになる。効率性を分析することによって、現行の組織や配置のむだな点を洗い出し、M＆A後の改善策を検討することになる。

（ロ）取引先と仕入先

　取引先と仕入先については、M＆A後の対応策を練るための材料を得ることが主眼となる。作業としては、取引先については受取手形や売掛債権の明細から回収条件を、仕入先については同様に支払条件を見る。

　また、取引先と仕入先の実績表から、顔ぶれや大口先とか比率的に大きな偏りがないかを検証する。販売や仕入れが特定の大口先に偏っている場合は、M＆A後の取引の継続について、売り手の協力を得ることも必要となることもあるし、また、M＆A後の販売や仕入れの方針を立てるうえでも、大口先への対応を考えておくことが必要となる。

② 人事・労務関係

　従業員の継承は、M＆A、とくに株式取得による場合には最低限の条件である。このため、M＆A後の人事政策を練っていくためには、現行の労働条件や処遇をよく見る必要がある。

　M＆A後の利益計画を立てる際にも、人件費は大きなウェイトを占めるので、給与水準と職務の関係はよく見て、分析しておくことが必要である。

　労働問題の有無については、書類からはわからないので、書面での調査か買収調査の段階で売り手に確認することになる。

③ **対外契約関係**

　対外契約については、2つの観点から検証する。

　まず、契約が適法かつ適正に行われているか、そしてその契約に従って適正に取引が行われているのかを確認する。例えば、家賃やリースの契約の場合は損益計算書との突合が必要である。

　次に、むだまたは不要な賃貸やリース契約がないかを検証する。店舗、事務所、駐車場等の賃貸契約や設備、事務所の機器についての契約が検証の対象となるが、これらの契約は過去からの継続取引のなかで、条件等の見直しが行われずむだが放置されていることもある。

　むだまたは不要な契約があれば、M＆A後に解約や変更の手続きを取るが、契約の変更が可能かどうか、違約金や解約時の費用を買収前調査の段階で確認しておく必要がある。その他の、経費や出費を伴う契約があれば、同じように手続きを確認することが肝要である。

④ **その他の重要事項**

（イ）**子会社や関連会社について**

　子会社や関連会社については、売り手本体を買収する際に、そのままで引き継ぐのかどうかの判断が必要になる。

　売り手本体の事業と密接な関係があり、それと不可分となっていて、売り手の経営者が一体での引き継ぎを希望している場合には、当該子会社や関連会社の内容精査や会社価値の評価をする必要がある。

　売り手側が本体とは分離したいとの意向であれば、分離の時期や分離する対価について話し合い、分離することによる本体の資産価値の変更額を算定する必要がある。

（ロ）**営業許可ほか**

　営業の許可については、正当に取得されていて有効かどうか、また更新漏れや期限切れになっていないか、さらに次の更新時期について確認しておく。

　偶発債務や簿外の保証債務については、第9章で後述する本契約書上、

売り手がその不存在について保証する対象となっているが、書面での調査や買収調査の段階で、売り手側に確認を取ることが必要である。

その他の経営に関する重要事項も、同様に検証や確認することが必要である。

(5) 会社価値の概算

① 会社価値を概算する必要性

上記(3)③の貸借対照表の検証、精査から得られた結果に基づき、売り手の会社価値（株価）を試算する。この段階で、会社価値を算定する主な理由は次の3点である。

　ⅰ　Ｍ＆Ａでは売買価額は、売り手の最大の関心事であり、取引が成立する基本となること。

　ⅱ　ある程度の金額の目処が立たないと基本合意書の締結自体が難しいこと。例えば、売り手が3億円で売却を希望しているとして、買い手が概算した会社価値が2億円とすると、差額が大きすぎるので基本的な合意すら難しくなる。

　ⅲ　売り手が売却希望額のみを提示している場合、買い手が取引金額の目処を示さないままでは、それ以降、会社内容の調査を実施することが難しくなること。

② 未上場企業Ｍ＆Ａの場合の株式評価方法

（イ）未上場株式の相続税と原則的な評価方式

未上場株式の相続や原則的な評価には、類似業種比準方式、純資産価額方式、配当還元方式の3つの方式が用いられている。対象企業の規模や、特性、支配的な同族株主の比率によって、適用される方式や折衷方式が税法で細かく規定されている。

これらの評価方式では、評価時点での個々の資産や負債について、時価を調べるとか、資産性の有無を仔細にわたって査定や評価をし直す必

要はほとんどない。

(ロ) 時価純資産方式──公式な売買価格の概算

　未上場企業M＆Aの場合には、これら3通りの評価方式とはまったく違って、株式の評価は、第三者間での取引を前提とした時価純資産額が目安となる。相続や原則的な評価との大きな違いは、評価時点での貸借対照表の個々の資産や負債を時価で評価し直して、時価の純資産額を算定する点にある。

③ 売り手の会社価値（株価）の概算例

　上記②（ロ）のように、未上場企業の売り手の会社価値は、時価純資産方式で算定するのが一般的に妥当と認められている評価方法である。

　図表8-4は、貸借対照表を書面で精査・検証した結果から、時価純資産を算定する計算過程を示した例である。

　会社価値は、次の方式を原則として算定する。

　　時価純資産＝簿価純資産＋資産の含み益－資産の含み損－負債の未計
　　　　　　　上分＋営業権

　図表の例では、簿価純資産額は400百万円、プラス要因として土地の含み益を50百万円と推定している。マイナス要因としては不渡り手形と売掛金の回収不能債権が10百万円、棚卸資産の評価損と不良在庫が35百万円、建物と機械の償却不足が各10百万円、従業員の退職給与の引当不足が10百万円とした。これらのマイナス要因が財務諸表の精査と検証で判明し、図表の例はこれを差し引いて計算した時価純資産額を表している。この調整のうち、受取手形、売掛金の売上債権、棚卸資産の評価損と不良在庫については、提供された資料のみでの算定は難しく、売り手への確認が必要である。

④ 売り手アドバイザーと買い手候補の概算は相違するのが通常

　通常は、売り手のアドバイザーはアドバイスの委託を受けた段階で、同様に会社価値の概算を算定するが、この概算と、買い手候補が資料の内容を調査した結果に基づいて算定した会社価値の概算とが一致するこ

図表8-4 会社価値の概算例（時価純資産の算定例）

A社貸借対照表
（単位：百万円）

資産の部	簿価	査定	補正後	負債の部	簿価	査定	補正後
流動資産				流動負債			
現預金	150		150	支払手形・買掛金	600		600
有価証券	50	△25	25	短期借入金	700		700
受取手形・売掛金	650	△10	640	未払金・未払費用	200		200
棚卸資産	350	△35	315	合計	1,500		1,500
前払、仮払金他	180		180	固定負債			
合計	1,380	△70	1,310	長期借入金	600		600
固定資産				退職給与引当金		10	10
建物	400	△10	390	合計	600		610
機械設備	150	△10	140	負債合計	2,100		2,110
土地	500	50	550	純資産の部			
投資有価証券	40		40	資本金	200		200
敷金・保証金	30		30	剰余金等	200		200
合計	1,120	30	1,150	合計	400	10	400
資産合計	2,500	△40	2,460	負債・純資産合計	2,500		2,510

資産・負債の査定例

	増減要因	金額	内容	算定根拠
簿価純資産額		400		
土地	資産＋	50	含み益	不動産鑑定の結果 土地が値上がり
投資有価証券	資産−	△25	株式含み損	買収調査時の時価を算定
受取手形、売掛金	資産−	△10	回収不能債権	取引先の倒産により増加
棚卸資産	資産−	△35	評価損、不良在庫	実査により不良在庫増加
建物	資産−	△10	償却不足、鑑定評価	鑑定で評価減
機械	資産−	△10	償却不足、時価	主要機械の時価を査定
引当不足	負債＋	△10	退職給与引当金	概算時と変わらず
時価純資産額		350		

とはまずない。とくに、最近では、土地の含み損益について、双方の概算額に開きがある場合が多くなっている。

これは、以前のように地価は必ず上がるものとの考えがなくなり、地価は景気や需給に左右され、バブル崩壊以降はよほどの特殊要因でもないかぎり値上がりしない、という考えが定着したことが大きな原因になっている。買い手は、値下がりのリスクを織り込んで地価を算定するが、売り手は高めの売買事例を参考にして地価を算定するので、双方の思惑の差が、地価の概算の開きを大きくする要因になっている。

⑤ 金額の乖離幅の調整

この段階で、あまりに双方の金額の乖離が大きければ、そのまま破談になってしまうこともある。乖離幅が大きくなければ、通常は、双方が提示した金額の範囲内で調整をし、後述する買収調査の結果を持って、買収価額の最終的な決定することになる。

なお、図表8-4では、営業権の対価を算入していない。営業権については、本章第5節で後述するが、売り手の事業の営業権が評価できるのであれば、プラス要因として加算する必要がある。

(6) 基本合意書（または覚書）の締結

買い手候補から、M＆Aについて基本的な合意が得られれば、双方の意思確認のために基本合意書ないしは覚書を締結する（第7章参照）。基本合意書や覚書には、M＆Aに関する双方の意思を確認したうえで、次に買収調査を実施する等、手続きを円滑に進めることや、ある程度の法的拘束力を持たせて、当事者の一方が特段の理由もなく取引を破棄できないようにする狙いもある。

基本合意書や覚書の例は、第9章で後述するが、その内容としては、その時点までに合意した事項、これから協議する事項、取引に関連する必要手続きや届出などを盛り込む。

3 買収調査
デュー・ディリジェンス

（1）買収調査の目的

① 株式の売買価格を算定し、諸条件を決定

　基本合意書の締結後に、通常は買収調査を実施する。売り手企業の規模や業種、M＆Aに至る経緯、基本的な企業評価の結果等により、調査の内容と範囲、実施期間は異なるが、基本的には、財務面、法務面、事業面から対象企業の内容を確認、精査、検証することになる。

　前述の書面での調査で、売り手の会社内容や事業内容は、相当程度にまで明らかになるが、買収調査の主な目的は、書面での調査を基に、正式契約を締結するために、株式譲渡の場合には株式の売買価格を算定し、諸条件を決定することである。そのため、実査と呼ばれる手続きで、実地に売り手の原簿や原契約書、さらに在庫や機械、設備の現物の有無と状態を実際に確認することになる。

② 専門家の限界——技術的な視点と経営的な視点

　買い手は、すべてを専門家任せにはせず、実査で現物に当たる際の実感を重視すべきである。専門家は、売り手の各種の手続きや書類が、適正、適法に処理されているかを厳正に見る。ただし、技術や販売、開発、企画をはじめとする経営に関する評価については、相当程度には見るが、専門性の高い分野では限界があるので役割の範囲外となっている。

　したがって、買い手は、専門家の領域外である技術的な視点や経営的な視点から、買収調査を実施することが必要である。

　　＊財務諸表については、買収調査も法定の監査も作業手順や内容は似ているが、法定の監査は判明した結果を企業に対して指摘するとか、指摘事項の改

善を促すのにとどまる。買収調査は、買い手が、判明した結果をM＆A後の経営のための情報として活かしていくので、目的が法定の監査とは違ったものとなっている。

(2) 実地検証、実査の主要な項目、担当、日数

① 実地検証、実査の主要な項目
実地検証、実査の主な作業や手続きは、次の4点を中心に進める。
　ⅰ 現物の確認、検証
　　固定資産、棚卸資産、主要契約書の内容を精査
　ⅱ 資産、負債内容の精査
　　回収可能性、網羅性（計上漏れ）の精査
　ⅲ 簿外負債の有無を確認
　　保証、借入れ、手形等を精査
　ⅳ 労務問題、環境汚染の有無の確認
　　残業代の未払い、建物のアスベスト、土地の土壌汚染の有無を確認

② 担当
財務内容の調査は会計士と税理士が担当し、事業内容や設備、在庫の状態の確認は、買い手と会計士や税理士の共同作業となる。

③ 日数
調査の日数については、売り手の規模や業種によってかなり幅がある。さらに、事前の書面での調査で判明する芳しくない状態の多少にもよるが、通常であれば実地検証、実査の作業は3〜4日で完了する。

ただし、支店とか生産拠点が多数ある場合には、実地の調査内容を機械設備関係や在庫等に絞って実施する必要がある。

この後、監査法人、弁護士、社労士ほかの専門家には、報告書、意見書、所見等をまとめる日数が必要で、基本合意締結後、約2〜3週間程度で買収調査は完了する。

4 買収価額の確定

　買収調査の結果を基に、最終的な売買の価額や最終の条件が決定される。通常は、この段階（基本合意書の締結時）までに、大筋ないしは基本的な条件は決められているので、買収調査でよほど不側の事態でも発覚しないかぎり、後は細かな調整を加え正式契約書の内容を確定することになる。

（1）売買価額の最終決定

　売買価額は、本章第2節の株式評価や企業評価の方法に従って算出した後、買収調査で得たデータを加味し、以下の①～④に従い、会社価値を再評価し直し売買の最終価額を決める。

① 資産の評価

　ⅰ 時価評価

　　時価のある資産は、直近の時価により含み損益を正確に算定する。とくに、不動産は正式な鑑定評価に基づいて時価を出しておく。

　ⅱ 資産査定

　　流動資産は原簿との突合、また棚卸資産、償却資産等については当該資産の実査に基づいて、換価性、資産性と償却不足を加味して簿価との差額を算定する。

② 負債の確定

　万が一作為的な簿外負債があれば、M&Aそのものを見直さざるをえなくなるが、通常は次の点を調節して、負債額を確定する。

　ⅰ 未払法人税（当期利益分）、預り消費税

　ⅱ 退職給付金の積立て不足

以上を調整したうえで、時価で修正をした貸借対照表を作成して、売買の基準となる時価純資産額を確定する。

③ 営業権の確定

売り手の収益力が高く営業権が認識できる場合は、基本合意の締結時に、本章第5節で後述する方法で営業権を算定する。買収調査の後は、その結果を踏まえて再度算定することになる。

④ 価額調整と内訳と支払方法

以上により算出した、時価純資産＋営業権の金額に基づき、当事者双方で最終的な価額交渉を行うことになる。

実務的には、基本合意の段階で、基本合意書に金額を明示していなくても、売り手側の売却希望額はある程度判明していることが多く、その希望額と買収調査の結果から算定した買収希望額を基本に、アドバイザーを交えて当事者双方が話し合って調整することになる。

(2) 買収希望価額の算定例

図表8-5は、本章第2節で概算したA社の時価純資産を、以上の算定方式で買収希望価額として再度算定したものである。基本的な考え方は、図表8-4と同様である。

① 時価のある資産

時価を確認して含み損益を算定する。時価のある資産については、書面での調査時では、推定時価を用いる場合もあるが、最終的な買収希望価額を出す際には、評価や鑑定を取得する必要がある。

とくに、土地・建物ついては、通常は不動産鑑定評価を取って、時価を確定する。株式等は、市場価格を確認する。機械設備や車両運搬具についても、償却不足の有無の確認と、時価を確認する。

② 流動資産

売掛債権、在庫については、専門家の実査により、回収不能債権、不

第8章　企業評価と価格の算定

図表8-5 買収希望額の概算例（買収調査を反映した算定例）

A社貸借対照表

（単位：百万円）

資産の部	簿価	査定	補正後	負債の部	簿価	査定	補正後
流動資産				**流動負債**			
現預金	150		150	支払手形・買掛金	600		600
有価証券	50	△20	30	短期借入金	700		700
受取手形・売掛金	650	△20	630	未払金・未払費用	200		200
棚卸資産	350	△50	300	合計	1,500		1,500
前払、仮払金他	180		180	**固定負債**			
合計	1,380	△90	1,290	長期借入金	600		600
固定資産				退職給与引当金		10	10
建物	400	△30	370	合計	600		610
機械設備	150	△30	120	**負債合計**	2,100		2,110
土地	500	80	580	**純資産の部**			
投資有価証券	40		40	資本金	200		200
敷金・保証金	30		30	剰余金等	200		200
合計	1,120	20	1,140	合計	400	10	400
資産合計	2,500	△70	2,430	**負債・純資産合計**	2,500		2,510

資産・負債の査定例

	増減要因	金額	内容	算定根拠
簿価純資産額		400		
土地	資産＋	80	含み益	不動産鑑定の結果 土地が値上がり
投資有価証券	資産−	△20	株式含み損	買収調査時の時価を算定
受取手形、売掛金	資産−	△20	回収不能債権	取引先の倒産により増加
棚卸資産	資産−	△50	評価損、不良在庫	実査により不良在庫増加
建物	資産−	△30	償却不足、鑑定評価	鑑定で評価減
機械	資産−	△30	償却不足、時価	主要機械の時価を査定
引当不足	負債＋	△10	退職給与引当金	概算時と変わらず
時価純資産額		320		

良在庫等を確定する。これは、買収希望価額の確定だけではなく、M＆A後の処理についても、売り手との打ち合わせが必要である。

③ **その他**

その他については、基本的には、図表8-4のように算定する。

5 営業権の算定法
売買価格を決める重要な要素

（1）営業権算定の基本は収益力

① **営業権は当事者の最終的な関心事**

貸借対照表から算定される時価純資産価額の考え方は、本章第4節のとおりである。また、最終的に取引価格を決める際には、無形資産である営業権があるのかないのか、そしてある場合には営業権がいくらぐらいになるのかが、当事者の関心事となる。

相続税法にも営業権の算定方式が規定されているが、親族外との取引となる第三者間のM＆Aに適用される営業権には、一般的に認識されている「営業権」とは異なる、以下のような考え方が基本となっている。

② **いわゆる「のれん代」とは異なる**

営業権は、一般的には「のれん代」として理解されており、技術力、ブランド力や商権を意味する場合が多いようである。そのため、「老舗である」「得意先が多い」「大手メーカーの下請けである」等が価値のある営業権、と理解されていることも多い。

M＆Aにおける営業権は、こうした通念とは異なり、売り手の企業や事業が持っている収益力や、買収後に期待できる収益力を基礎に算定する必要がある。なぜなら、ブランド力や商権があるとしても、収益を生まないと企業価値の形成や向上には意味がない。逆に言えば、利益が出

ないのであれば、同業他社との比較優位となる技術力やブランド力も商権もないのと同じと見なされるからである。

(2) 営業権の算定の要素

営業権は、予想収益力、予想収益力の持続期間、利子率（割引率）、総資産ないしは時価純資産額と譲渡される資産総額の４つの要素から算定される。

① 予想収益

予想収益は過去の実績から算定するが、数字上の歪みが出ないように、通常は過去の一過性の収益や特殊な要因を除き、３～５期を平均した収益から算出する。通常は経常利益か税引き前当期利益を基に算定する。

過去の利益の歪みを修正する利益の補正は、買収側が買収後にシナジー効果によって削減可能と見込める経費を織り込んだものであり、基本的には、売り手側に開示はしない。

② 持続期間

営業権は、あくまでも将来の収益に関わることであり、企業や事業の持続性に関する読みが必要で、通常は３～５年間ぐらいが目処になる。逆に言えば、対象企業や事業の過去の業歴が長いとか短いとかは、あまり関係がない。

③ 利子率（割引率）

営業権を算定する場合、利子率（割引率）には、２つの意味がある。

(イ) 投資の利回り

第一に、M＆Aを投資という側面で考えた場合、投資の利回りを意味する。この利回りの判断の基準になるのは、M＆Aの対象となっている企業や事業と同規模・同業の他社の平均的な収益率、あるいは、買い手が、同様の率で収益を上げることができる投資の機会をほかにも持っていることが前提となる。

(ロ) 現在価値に置き換えるための割引率

　第二に、企業や事業が稼ぐと予想される将来の収益を、現在価値に置き換えるための割引率である。

　例えば、1年後の超過収益額（後述（3）①参照）や予想収益額が1,000万円とした場合、割引率を5％とすれば、現在価値は約952.4万円となる。つまり、今日の1,000万円と1年後の1,000万円では、現在価値で見た場合、差があるということである。同様に、2年目以降を算定し、上記②の持続期間の予想収益の現在価値を算定する。

(ハ) 現在価値の算定例

　図表8－6は、現在価値の算定例である。現在の利益額を10百万円とし、それが5年間持続するとした場合の、2年目以降の各の年度の現在価値と、5年分の利益を現在価値に引き直した合計額を算定している。

　この算定例では、割引率を5％としているが、割引率が変動したとしても、割引率がマイナスにならないかぎり、同様に将来の利益の現在価値は現在の金額よりは小さいものになる。

(ニ) 中小企業の割引率

　大企業や株式公開企業が対象となる大規模のM＆Aでは、利子率（割引率）は長期利子率、リスク率、買い手の資金調達コスト・資本コスト等、複数の要素を基にして算定される。

　しかし、中堅クラスまでの未上場企業のM＆Aの場合には、外部からの資金調達の方法がほとんど金融機関からの借入れに限られていることもあり、割引率は上記（イ）の投資の利回りと同様にするか、長期借入金の金利を基準にするのが妥当となる。

④ 初期投資額（時価純資産額）

　現在、営業権を算定する主な方式としては、加算方式と差額方式がある（図表8－7）。両方式の基本的な算定方式については、次項で概説するが、時価純資産額が各方式で株式取得の営業権を算定する場合の基本的な要素になる。

(3) 営業権の２つの算定方式

① 加算方式

　加算方式（図表８-７参照）は営業権の算定に従来から活用されてきた方式で、時価純資産額を算定し、その後で、売り手の予想収益力が高く、営業権が認識できる場合に、営業権を下記で述べる超過収益還元法や年買法を用いて算定する。

　そして、算定した営業権を時価純資産額（株式譲渡）に足して、株式譲渡額を算定する方式となっている。

　時価純資産額＋営業権＝株式譲渡希望額

　未上場企業Ｍ＆Ａの場合、算定された株式譲渡額をベースにして、前述のとおり当事者双が折衝して最終の取引金額を決めることになる。

（イ）超過収益還元法

　超過収益還元法の基本的な考え方は、まず対象企業や事業の超過収益力を算定し、超過収益力の持続期間を予測して、買収後に期待される超過収益の総額（＝営業権）を算定する。

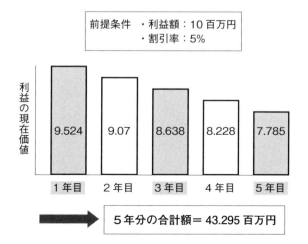

図表８-６ 利益の現在価値

図表8−7 株式譲渡の営業権算定法

○加算方式

① 時価純資産額を算定
② 営業権を算定（超過収益還元法、年買法）
③ ①に②を加えて株式譲渡額を決定

○差額方式（DCFによる会社価値算定方式）

① DCF法により会社価値→株式譲渡総額を算定
② 時価純資産額を算定
③ ①−②を算定し、営業権を決定

　超過収益力とは、あまりなじみのある言葉ではないが、要は売り手企業の事業が、同業他社や同規模会社と比べた場合、「より儲けているかどうか」、または、事業承継M&Aを投資としてみた場合に、「他の事業への投資に比べて高い運用利回りが期待できるかどうか」、といった潜在的な価値をいう。超過収益力を算定する方法は、一つではないが、標準的な算定方法の考え方は次のとおりとなっている。

　超過収益力＝予想収益−（対象企業の簿価総資産×利子率）

（ロ）超過収益還元法の例

　図表8−8では、予想収益額を30百万円、簿価総資産を400百万円、利子率を5％、として算定している。この例では、400百万円の5％＝20百万円を通常の収益額とすると、対象企業の予想収益力との差額の10百万円が超過収益額となる。

　つまり、将来の予想収益から、対象企業のＲＯＡ（総資産利益率）を差し引いて、超過収益力を算定する。買い手は株式を取得することによっ

図表 8-8 超過収益力

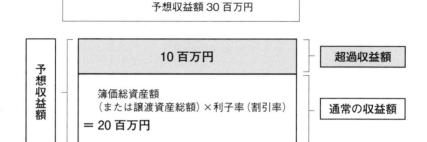

て、売り手の持っている全体の資産（＝貸借対照表の資産）を引き継ぐことになる。

したがって、対象企業の超過収益力を算定する際には、株式取得額の利回りではなく、対象企業の総資産の利回りであるＲＯＡをベースにした考え方になる。つまり、予想収益力が同じなら、総資産が小さい企業ほど、理論上より高い超過収益力が期待できることになる。

(ハ) 年買法

予想収益そのものに、持続期間の現価率をかけて営業権を算出する、シンプルな算定方法である。評価の対象となる企業が、非常に新しいとか企業数が少ない業種で、統計データが未整備であるとか、固定資産がほとんどなくて、簿価総資産や譲渡資産の額が極端に小さい場合などへの適用が考えられる。持続期間は、3〜5年ぐらいとするのが、一般的な算定方法となっている。

例えば、予想収益が10百万円で持続期間が5年間見込めるのであれば、図表8-6での算定と同じ43.295百万円が年買法による営業権となる。

② ＤＣＦによる差額方式

営業権の初期投資額のもう一つの算定方式は、ＤＣＦ法を用いた差額

方式である。これは、加算方式に比べて新しい算定方式で、元々は事業や企業再生の実務に適用されていたが、最近では加算方式同様に一般的な営業権の算定方法として定着している。

実務的には、将来の予想収益やフリー・キャッシュ・フローを基に企業や事業の現在価値の総額を算定し、その額から、株式譲渡の場合は、当初の投資額である時価純資産額を差し引いて営業権を算定する方法になっている。

会社価値（DCF方式）－時価純資産額＝営業権

6 事業譲渡の活用
事業譲渡を活用して事業を承継する

（1）事業譲渡の事業承継M＆Aへの活用

① 意外に知られていない事業譲渡

事業譲渡は株式譲渡と並んでM＆Aの代表的な手法であるが、内容や活用方法の実務については意外と知られていない。

そればかりか、事業承継を目的とするM＆Aの手法としては、手続き面で煩雑であるとか税金面で不利になる等のマイナスの面ばかりが強調され、株式の移転や譲渡に比べて未上場企業のM＆Aに活用されることはまだまだ少ないようである。

② 事業譲渡により承継してもらう対象先が広がる

これは、従来から「事業承継＝会社の承継」との考えが根底にあったために、専門家の間でも、事業を会社から切り離す事業譲渡を事業の承継の手法と捉える視点が足りなかったことに原因があるようだ。しかし、事業承継目的のM＆Aの場合には、事業譲渡を活用すれば、承継する側は株式取得により会社の所有権を承継しなくても、実質的に事業そのも

のを承継することが可能である。

つまり、事業承継の手法として、株式の移転や譲渡による会社全体の承継のみにこだわるのではなく、事業譲渡による事業の実体を承継し存続させることに主眼をおけば、承継してもらう対象先が広がることになり、結果として事業承継の選択肢も広がることにつながる。

(2) 事業譲渡とは

① M＆Aの目的と事業譲渡

資金や資本を投下するM＆Aの手法は、買い手側の目的と手続きによって、経営権の取得型、事業買収型、資本参加・経営参加型に分類される（第3章第3節・第4節参照）。その中から、売り手の希望や買い手の目的と買収に伴うリスク、それにM＆A後の事業の運営方法等を併せて検討したうえで、個別のM＆Aの形態を決定することになる。

対象企業の経営権を取得するかどうかは、株式を取得して法人格を引き継ぐのか、あるいは事業譲渡によって事業のみを引き継ぐのかという選択になる。売り手が企業全体を一括で売却の希望があり、経営内容も健全であれば、時間がかからず手続きも簡単な株式取得か、時間はかかるが合併を選択することになる。

② 事業譲渡の選択

M＆Aで事業譲渡を選択する理由として次の3ケースが挙げられる。

ⅰ 買い手側の意向を優先する場合で、売り手の事業は評価できるが、財務をはじめ経営に不透明な点が多い、経営が不健全な状態、あるいは実質的に破綻状態にある場合、事業のみの買収に狙いを絞ることになる。これは、健全な事業だけを取り出して再生や活性化を図っていく再生型のM＆Aの場合に多くみられる。

ⅱ 売り手、買い手ともに、特定の事業の譲渡にしか関心がなく、最初から事業譲渡を前提に手続きを進めていく場合である。共同事

業の立ち上げや他社から同一の事業を譲り受けて拡充を図っていく場合がこれにあたる。
　ⅲ 売り手の事情を尊重する場合で、売り手側が、会社は手放さずに、あくまでも事業の一部だけを売却希望している場合である。売り手が複数の事業を経営していて、その中の一部を譲渡し、残る事業は引き続き経営したいという場合がこれにあたる。

(3) 事業譲渡と株式譲渡との違い

　株式譲渡と事業譲渡の手続きや契約上の主な違いは次の3点である。
① 契約当事者が法人同士
　株式譲渡の場合、譲渡の対価は株主に支払われるが、事業譲渡の場合は、契約の当事者が株主ではなく企業同士となり、事業譲渡の対価は売り手の企業に支払われる。簡易ではない事業譲渡には株主の決議が必要であるが、株主そのものは契約を締結しない。
② 売り手側の簿外債務を引き継ぐリスクがない
　事業譲渡の取引は個々の資産の売買と特定の債権や負債の継承からなっており、譲渡する企業の法人格は引き継がないので、買い手側は売り手企業の簿外債務を引き継いでしまうリスクはない。株式取得に比べ手間も時間もかかるが、買収後に簿外負債のリスクや事業の継続に不要な資産を引き継がなくてもすむことになる。
③ 取引が、個々の資産売買、個々の債権や負債の承継となる
　事業譲渡の取引は有形資産や無形資産の売買で構成されるので、個々の資産の移転手続きや、それに伴う諸費用や消費税が発生する。また、売掛債権や仕入債務の承継が必要な場合があり、個々の債権者や債務者への事前の通知や承諾、合意が必要となる。
　株式譲渡の場合でも、売り手企業が保有している資産を個別に評価し、実在性も確認するので（第7章参照）、譲渡対象資産を決定するま

での手間は事業譲渡の場合と変わらないが、事業譲渡は、上記のような取引形態になっていることが、株式譲渡に比べて手続き面で煩雑であるとか、余計な費用がかかるとして、事業承継の目的にはなじまないという理解不足につながっている。

なお、譲渡資産に不動産が含まれている場合には、登録免許税等の費用が発生するが、買い手側は取得価格で資産に計上できるのが大きなメリットである。

(4) 事業譲渡の活用法

事業譲渡は、その主な活用方法は図表8-9のとおりで、事業の成長、拡大の目的でのグループ内の再編や他社との共同事業、事業の撤退、役員や従業員によるMBO・EBO（第5章第4節参照）、それに事業や企業の再生・活性化と、多目的に活用することができる。

① 事業の再編
(イ) グループ内での事業再編

グループ企業の経営の効率化を図る目的で、複数ある事業部門のうちから重複している部門を、関連会社や新設の子会社に譲渡するグループ内での事業再編に活用されている。

(ロ) 他社との共同事業の運営

共同事業の運営は、複数の会社が他社と共同出資の会社を設立して、各社が持っている同種の事業をその会社に譲渡する形で、共同経営による合理化を図る目的で活用される（第3章第5節参照）。これは、例えば、配送や物流部門の合理化目的という場合があり、ある種の協同組合的な考えに立っている。

② 事業部門の譲渡
(イ) 低採算部門の分離

経営が順調で、財務面で特段の問題がない企業であっても、企業体力

図表8−9 事業譲渡の活用法

1 事業の再編

① グールプ内再編

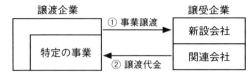

② 共同事業

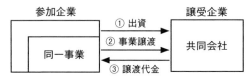

2 部門譲渡

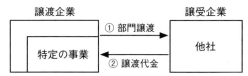

3 MBO、EBO

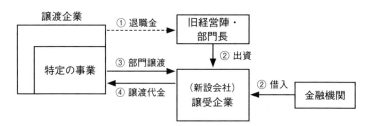

4 事業の再生

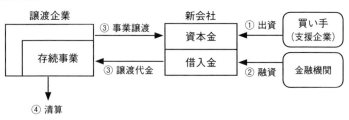

の強化のために経営の効率化を図っていくことは、継続的な経営課題である。そのため、企業にとって、同業他社比収益率が低い、あるいは自社の他の事業部門に比べ収益性が低い等、「お荷物」になっている部門の強化や活性化は大きな課題である。そこで、自助努力には限界がある、自社の将来の経営計画にはなじまない等と判断された場合、全体の経営の効率化を図っていくために、単にその部門を閉鎖するのではなく、より活かしてくれる他社へ譲渡することも選択肢の一つとなる。

(ロ) 事業の分離、活性化

事業譲渡は、社内に複数の事業部門がある場合に、事業部門を選別して承継したり、不動産を分離して事業のみを承継したりする場合に活用できる。また、支店や支社などのように複数の地点で展開している営業拠点を拠点単位で別個に承継することも可能となる。会社自体に累損があるような場合でも、事業自体に魅力があれば、事業を会社から切り離すことによって、事業そのものの承継は可能となる。

③ **MBO、EBO**

MBO、EBOによる事業譲渡により、生産や販売拠点別の事業承継が可能となる（第5章第4節(6)の事例参照）。

④ **事業の再生**

事業の再生における事業譲渡は、事業や企業の規模に比べて、多額の負債を抱えたために、経営危機に陥ったり経営が破綻したりした会社が、収益性のある事業の存続と再生を図るために、新設した会社に事業を譲渡する場合である。民事再生法を利用した事業再生に活用されるケースが多く見られる。この場合、法的手続きに従って、買い手（多くの場合は支援企業）が、受け皿となる会社を新設し、金融機関から資金を調達し、対象の事業を譲り受け、事業の譲渡が終わった後で、通常は、売り手企業は清算されることになる。

(5) 事業譲渡の活用による事業承継
——選択的な事業承継が可能となる

① 従来の事業承継の視点
(イ) 事業の承継は会社の承継

　従来から、事業の承継は、会社の承継との考えが根底にあり、親子間や親族内での会社の承継を前提に、会社を財産と見なして会社を相続させることを主目的として成り立っている。

　これは、多くの未上場企業では、オーナー経営者が持っている土地等の個人資産を会社の事業用に活用する、あるいは銀行からの借入金の担保に供する等、資産面から見れば経営者個人と会社が一体となっていることが多く、事業の承継が経営者の相続と不可分になっているためで、会社の承継と個人の相続が合算で考えられるのは致し方ない面もある。

(ロ) 事業承継対策＝株価引下げ対策

　会社を財産と見なすと、相続の対象は会社の株式となり、会社を相続するのは、具体的には株式を承継することになる。このため、従来から事業承継の対策は、株式をいかに効率よく費用をかけずに承継するか、つまり「株式の相続対策＝株式評価額を引き下げる対策」に力点がおかれている。

(ハ) 狭められる事業承継の選択肢

　「事業」承継と言いながら、実際には事業承継は会社の承継、そしてあくまでも株式を承継することと理解されてきたため、たとえ外部への事業承継（＝Ｍ＆Ａ）であっても、未だに株式の譲渡のみにこだわった考え方が根底にあり、事業承継目的のＭ＆Ａの選択肢が狭められている。

② 株式譲渡の難点

　第５章第３節の会社内部での承継型で、親族外へ株式譲渡で事業承継する場合には、次の３点が主な障害となって、会社内部で親族外への承継を阻害している大きな原因となっている。

（イ）株式を買い取るための資金調達が困難

　事業や業績が順調な会社の場合、株式の評価額が高くなるのが通例で、親族外の役員や従業員では、株式を譲り受ける資金の手当が難しい。親族外の役員や従業員が会社の所有権を取得する目的で株式を買い取る場合には、株式は時価での取引が原則となり、株価の評価が高すぎて相応の資金を調達するのが難しい場合が多く見られる。

（ロ）銀行からの借入金に対する保証

　次に障害になるのは、株式を譲り受けることにより、経営権を取得し経営者が交代した場合には、多くの場合、新しい経営者は、金融機関から会社の借入金に対する保証を求められることである。

　新しい経営者は、多額の資金を用意して株式を取得したうえに、承継した会社が無借金会社でもないかぎり、借入金に対する保証まで強いられるため、スタートにあたって、大きな負担を強いられることになる。これが、会社内部の親族外の事業承継があまり進まない一つの要因となっている。

（ハ）資産や負債の選別が難しい

　会社を承継する側としては、できるだけ事業の継続に必要な資産や負債のみに絞って承継するのが、最善の承継方法である。しかし、オーナー経営者から親族外の役員や従業員が株式の譲渡を打診された場合、会社の保有している負債や資産の選別までは心理的に言い出しにくい関係となっている。

　打診された親族外役員や従業員は、できるだけスリムな形で経営をスタートさせたいと考えるが、オーナー経営者から株式を買い取ることは、会社の資産と負債のすべてを引き受けることになるので、引き受ける側にとっては大きな心理的な負担となる。

　親族内での事業承継であれば、バランスシート上の資産にしろ、負債にしろ、先代経営者の経営の結果として株式を"相続"せざるをえない。後継者はすべてを納得ずくではないにしても、親族として承継せざるを

えない立場にある。この点でも、親族内での承継と親族外での承継には大きな違いがあり、会社内部の役員や従業員に事業を承継してもらうことの大きな阻害要因になっていると考えられる。

以上の3点は、すべて承継する側の経済的な負担や心理的な圧迫要因となっていて、親族外の役員や従業員が事業承継することに対して障害や阻害要因になっている。

③ **事業譲渡のメリット**

内部承継型で親族外への事業承継の場合（第5章第3節参照）、所有権の承継の方法としては、株式譲渡は継がせる側の都合が優先するが、事業譲渡は継ぐ側の都合を優先することになる。

(イ) **資金調達ができる**

親族外役員や従業員へ事業承継で、事業譲渡を活用する場合には、会社は対象となる役員や従業員へ退職金を支払うことができる。そして、その役員や従業員は、受け取った退職金を事業の譲り受け資金の一部として活用することができる（第5章第4節(6)の事例参照）。

役員や従業員に株式を譲渡して、事業を承継してもらう場合には、対象となる役員や従業員は、会社を退職することはないので、退職金を受け取ることはできない。

事業譲渡を選択すれば、勤務年数が長い役員や従業員であれば、相応の金額の退職金が受け取れて、それを元手にして事業の承継が可能となるので、この点が株式を譲り受けて事業を承継する場合に比べて、大きな差となっている。

(ロ) **承継する事業の選択が可能となる**

事業譲渡を選択すれば、引き継ぐ資産を必要最低限に絞れ、資金的にも承継する側の負担が軽くなる。また、事業譲渡の手続きを取っていく過程で、承継する側が、事業継続に必要な資産や負債を選択できるので、承継する側も納得したうえで事業を継承するという心理的な効果も大きい。

(ハ) 製造や営業の拠点単位で事業の承継が可能となる

事業部門の承継だけではなく、営業や製造の拠点ごとの承継が可能となる。これは、地方の営業拠点や生産拠点の責任者は、現在自分が長を務めている場所の事業は継承する意思はあるが、会社全体を継承する意思はないとか、さまざまなケースが考えられる（第5章第4節参照）。

(ニ) 廃業との比較

親族に後継者がいないからと、廃業して会社を清算すれば、株主の資金の回収額は大幅に減少することになる。これに加え、廃業すれば、取引先や仕入先、従業員等が被る経済的な損害も大きい。事業譲渡を選択することで、事業の継続に必要な経営資源をできるだけ残せば、周辺企業や地域経済にとっての意義も小さくはない。

(6) 事業譲渡の対価の決め方
——事業譲渡手続きの実務と譲渡代金

① 対価の内訳

事業譲渡の手続きで対価に関する事項は、主として次の3点から構成されている。

　ⅰ 事業用資産の売買
　ⅱ 営業権
　ⅲ 債権や債務の継承

このうちで、ⅰの事業用資産の売買とⅱの営業権とⅲの債権や債務の継承、を確定させることによって、事業譲渡の対価が決まり、譲渡代金の決済額が決まる。

実務としては、買収調査や買い手側による実物と現物の検証、それに不動産鑑定等の結果を基に売り手と買い手の間で話し合い、以下の項目について最終的な価額と決済の条件を確定する。手続き的には、それに加えて、資産の譲渡や移転手続きに関する役割を取り決める。

図表8-10 事業譲渡の対価

◎譲渡資産

項目	対象	譲渡価額の決め方
流動資産	棚卸資産	・簿価を基準に評価 ・市場価格や返品価格
有形固定資産	土地	・鑑定評価
	建物 建物付属設備	・鑑定評価 ・償却不足を調整後の簿価
	機械設備 車両、什器	・償却不足を調整後の簿価 ・時価、中古の買取価格
無形固定資産	営業権	・第6章の算定方法による ・第三者の専門家の評価を得ておく

◎承継債権、債務

項目	対象	確定方法
債権	売掛金 仮払金 前払金	譲渡基準日における残高
債務	買掛金 仮受金 前受金	譲渡基準日における残高
相殺後差額		確定した債権－確定した債務

◎譲渡代金＝譲渡資産合計＋相殺後差額

② 譲渡の対象

　譲渡の対象は、事業を継続するための在庫等の流動資産や不動産をはじめとする有形固定資産と営業権の無形固定資産が対象となる。

　契約書には、不動産は目録を添付するが、在庫は数が多く、契約書上にすべてを網羅的に記載するのは難しいので、通常は明細表や一覧表を添付する。これらの商品在庫や固定資産は、契約書上で取り決めた譲渡日を基準に売買を行い、また、不動産や車両のように当期の変更等の移転手続きが必要な資産は、目録や明細表に移転や登記の予定日を具体的に記載しておく必要がある。

③ 譲渡価額の決め方

　譲渡対象資産の価額の決め方は、基本的には図表8-10のとおりとなっている。

（イ）原材料や商品等の棚卸資産

　原材料や商品等の棚卸資産の価額については、簿価を基準に個別に評価する、あるいは市場価格や返品価格を参考に譲渡側と譲受側が話し合って譲渡価格を決めることになる。棚卸資産は、根拠が明確に示せるのであれば、一律に簿価で決める必要はない。

（ロ）有形資産

　不動産は鑑定評価書に基づいた時価での売買になる。車両、機械も中古の買取り価格や引取り価格を参考にした時価での売買が原則となる。ただし、償却済みで中古の参考価格もないような資産については、廃棄するか、簿価を基準として決めるか、備忘価格での取引になる。

（ハ）営業権

　譲渡後は買い手側の無形の固定資産となり、償却の対象となる。株式譲渡の場合の営業権の算定方法については、本章第5節に詳述しているが、事業譲渡の場合もそれに準じた算定方法をとることになる。実際の営業権を決めるには、第三者の専門家の評価や査定を得ておくこと必要である。

④ 債権や債務の承継

　譲渡される事業に関連する、売掛債権や仕入債務の取扱いについては、次の2通りの方法がある。債権については、売り手から買い手への債権譲渡とする説明もあるが、本書では、回収可能な債権のみを引き継ぐということを前提として、売り手から買い手への債権の承継とする。

（イ）債権と債務を承継の対象とはしない

　譲渡の基準日以前の売上については、譲渡側がすべて受け取り、仕入れについては譲渡側がすべて支払い、基準日以降の売掛仕入れについては、譲り受けた側が受け取り、支払うことに取り決める方法である。

(ロ) **債権・債務を承継する**

もう一つは、譲渡の基準日に確定している売掛債権と仕入債務を、譲り受ける側が承継する方法である。この場合、債権と債務を相殺し、債権額が多ければ譲渡代金と併せて支払い、債務額が多ければ逆に譲渡代金から差し引いた額を支払うことになる。

いずれの方法でも、譲渡基準日に債権額と債務額を確定させる作業は必要なので、譲渡後の手間を考えれば、一つ目の方法が簡便になる。

⑤ **従業員の引継**

事業の譲渡で経営の主体は変わるが、譲渡される事業に従事している従業員は、原則的には全員が引き継がれることになるので、従業員の引継も取り決めておくことが必要である。

引継方の一つは、譲渡会社をいったん退職、会社側は退職金を支払い、承継する側が新規雇用とする。もう一つは、譲渡会社での就業期間を承継する側が引き継いで、譲渡会社側での退職給付債務を譲渡代金から差し引く方法である。

⑥ **その他の取り決め事項**

(イ) **契約の引継と変更**

譲渡後も継続する、賃貸契約等の変更や給水光熱、その他サービスの名義変更も必要である。

(ロ) **各種調整**

譲渡日を基準に、営業の実体を譲渡し、原則は同時に代金を決済するが、譲渡日に決済ができない項目もあり、内容が確定し次第後日に調整する必要がある。例えば、諸費用のうち、光熱費や通信費等の後払いの費用等は請求書の受け取り発送により確定した時点で調整が必要である。

第Ⅲ部　M＆Aの具体的実務

第9章

顧客との契約と契約書類の作成
―ドラフティングのポイント

本章の内容

草案作成の留意点

　　Ｍ＆Ａ業務で金融機関の職員が、大きなカベと感じているのは、Ｍ＆Ａ関連の契約書の作成のようである。これは、Ｍ＆Ａは一般行員にはなじみがない、縁遠い業務であり、契約書は法律の塊で金融機関職員ではとても取り扱えない、との先入観から来ているようである。

　　この先入観が形成された大きな原因としては、Ｍ＆Ａ関連の書籍が、とかく法律や税務の観点から取り扱われているとか、書かれていることにあるようだ。

　　しかしながら、Ｍ＆Ａの契約書は、実務的に見れば、売買当事者の合意、売買取引の証憑、保証付きの引継書、の３点の意味合いを有しており、あくまでも当事者の合意事項を反映したものである。法律的な色彩で記載されるので、あたかも法律の塊のような錯覚に陥るが、裁判の訴状や、判決文などとはまったく無縁のものであることを認識することが肝要である。

契約書の骨子

　　上記のとおり、Ｍ＆Ａの契約書は売買当事者の合意を反映したもので、以上の３点の意味合いを盛り込む。具体的には、個別の合意事項、定形の合意事項（売り手のみに関係、買い手のみに関係、両者に関係）を記載する。

Ｍ＆Ａ契約書の雛形

　　株式譲渡、事業譲渡、合併の契約書

基本合意書の実例

　　株式譲渡、事業譲渡

本契約の実例

　　株式譲渡契約、事業譲渡契約

第9章　顧客との契約と契約書類の作成――ドラフティングのポイント

　M＆Aの最終契約の締結については、「第7章第4節(5)本契約段階」での説明のとおりである。本章では、第2節で基本合意書と契約書の草案作成（ドラフティング）時の基本的な考え方や留意点、第3節で契約書作成の基本的な手順と主な記載内容、第4節でM＆Aの代表的な形態である株式譲渡、事業譲渡、合併の契約の雛形、第5節で基本合意書、覚書の実例の内容、第6節で株式譲渡契約書と事業譲渡契約書の実例の内容等について、実務的な観点から概説する。

M＆A契約の内容

① 正式契約は複合的な法的要件で構成されている

　実務面から見れば、M＆Aの取引は、通常の不動産や商品の売買と異なり、売買当事者以外の利害関係者が多く、同意や合意を得るために説明をする事項や利害の調整を図る必要がある対象は多方面で多岐にわたっている。

　このため、売買当事者の最終的な意思確認である正式契約も、有価証券や資産の売買の取り決め、資産や権利・負債や義務の継承、法令や規則の遵守、雇用や取引継続の保証等の複合的な法的な要件で構成されている。

② 売買当事者の利益保護や義務について理解することが肝要

　ただし、契約書に記載される保証や保証の文言は、売買当事者の悪意を前もって封じるとか、M＆Aの場合には、将来不測の事態が発生する確率が高いといった理由で記載されているのではない。意図としては、むしろ逆で、予測不可能な事態が起こったとしても、売買当事者の利益を限定ないしは保護するという意味合いである。

　したがって、実務に当たっては、難解な法律用語が出てきても、あま

249

り気にする必要はなく、実態的に、売買当事者のどのような利益を保護しているのか、どのような義務が発生するのかを理解することが肝要である。

2 契約書類ドラフティングの留意点

(1) ドラフティングにあたって

① ドラフティングはアドバイザーの重要な役割

金融機関がM&Aアドバイザリー業務を手がける際、基本合意書や本契約書のドラフティング（草案の作成）は非常に重要な役割である（第4章第4節、第7章第7節参照）。

理由としては、弁護士に、売買当事者の話し合いの場にその都度同席してもらうと費用が嵩むことになるし、M&A実務には売り手の会社価値の評価や事業の現況の分析等、法律以外の要素が多く含まれているからである。

② 先入観にとらわれない

ただ、M&Aに対する一般社会での認識やマスコミの取扱いが、あたかも特殊な世界で特殊な人間が関わるような出来事や取引との傾向が強く、金融機関の職員には、一言で言えば、"縁遠い業務"の印象を与えているようである。加えて、M&Aの専門書や実務書を見ても、日常ではあまりお目にかからない、専門用語や難解な語句が並んでおり、それに拍車をかけている。

このような、先入観ともいえるM&A業務への畏怖の念や誤解と、金融機関へのコンプライアンスの強化とが相まって、金融機関の職員には、「契約書の作成＝弁護士の仕事」との思い込みが強いようである。

③ ドラフティングに対する苦手意識を払拭

　日本のＭ＆Ａのほとんど、件数的に99％を占めているのは未上場企業のＭ＆Ａであり、未上場企業のＭ＆Ａ業務は金融機関が最適の担い手であることに間違いはない。

　金融機関がＭ＆Ａ業務を推進する際に、図表9-1に記載されている3点に留意すれば、ドラフティング作業への苦手意識はかなり払拭されるはずである。また、この3つの留意点は、事業譲渡Ｍ＆Ａの契約書の有している趣旨と言い換えることもできる。

(2) Ｍ＆Ａ契約は「折衝の結果」

　Ｍ＆Ａは、裁判や係争事ではないし、当事者間で勝ち負けを着ける話でもなく、進めていく過程で法的な措置が入る余地はまったくない。時折マスコミで取り上げられるＭ＆Ａは、上場株の買い占め的な事件がほとんどで、「Ｍ＆Ａ＝争い事やもめ事」→「最終的には勝ち負けがある」という印象が強く、そのためにＭ＆Ａは弁護士でないと手には負えない、との誤った観念がはびこっているように思える。

　本書で、一切"交渉"という言葉は使わずに、当事者が話を進めるのを"話し合い""折衝"としてきたのは、未上場企業のＭ＆Ａは、「勝ち

図表9-1　ドラフティングの留意点

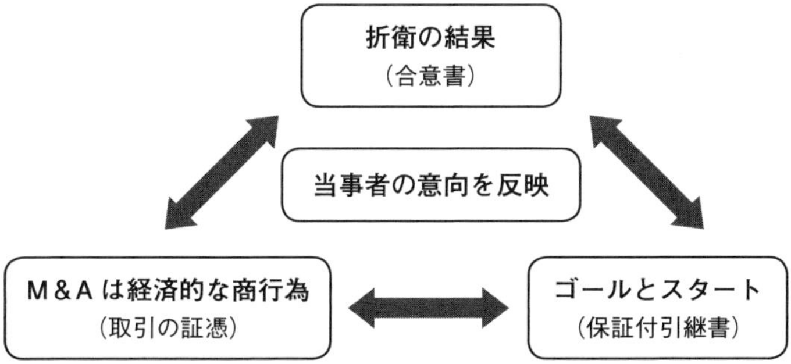

```
              折衝の結果
              （合意書）
               ↑
               ↓
         当事者の意向を反映
         ↗              ↘
   Ｍ＆Ａは経済的な商行為 ⇔ ゴールとスタート
      （取引の証憑）       （保証付引継書）
```

負けを着ける争い事ではない＝法的措置が必要なことではない」という意味を理解してもらうためである。

そして、M＆Aの契約は、まず売買当事者の「折衝の結果」としての合意事項を反映したものである。まず、この認識を強く持つことが、ドラフティングの第一歩である。

(3)「M＆Aは経済的な商行為」

商行為は、単純にいえば、物を買うとかサービスに対する対価を支払うことである。本書でも、M＆Aは売買取引であるとしてきたが、基本的には一般で行われている商行為と同じである。売買する対象が、売り手の株式であり、事業である点が、物品の売買とは違った手続きと契約を必要としているだけである。

第7章で、売り手と買い手の文書主義について述べたが、契約書は売買当事者双方のM＆A後の利益を保護する、いわば取引の証憑（事実を証明する根拠となるもの）でもある。

(4)「ゴールとスタート」の違い

株式譲渡のM＆Aは、売り手株主にとってはゴールであるが、買い手にとってはスタートとなる（第7章第2節参照）。よくたとえられる"結婚"ではない。スタートする側には売り手の会社を経営していく義務と責任が生じるし、必然的にリスクも伴ってくる。もちろん、売り手は、買い手へのM＆Aのプロセスでの説明と資料提供で、できるだけM＆A後の経営が円滑に行くようにアドバイザー共々協力をしていく。

株式譲渡のM＆Aは、本契約書への調印で会社の所有権が売り手から買い手に移ることになるが、本契約書はその際の売り手から買い手への引継書、と考えるべきである。

3 株式譲渡契約書の記載内容

(1) 基本的な手順

　図表9-2は、本契約書作成の手順である。アドバイザーである金融機関の役割は、売買当事者の合意事項と図表9-3の定形事項や文言を盛り込んだドラフティング（草案の作成）を行うことである。

図表9-2 本契約作成の手順

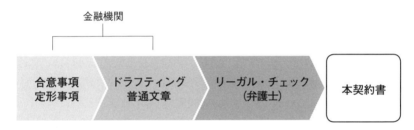

図表9-3 契約書の主な項目（株式譲渡）

個別合意事項		根拠や目的
	譲渡日	評価書、折衝記録、メール
	譲渡価額、支払方法	折衝記録、メール
定形記載事項		
売り手	保証・瑕疵担保責任	主として財務、許認可関係の保証
	損失補償、損害賠償	保証違反がある時の補償や賠償
買い手	従業員の承継	売り手従業員の雇用を保証
	役員退職慰労金の支払	売り手退職役員への慰労金支払を保証
共通	守秘義務	双方がお互いが知った秘密を守る
	管轄裁判所	紛争があった場合の裁判所を決めておく
	協議事項	定めていない事項は協議する

法律用語や文体で書いていく必要はまったくなく、普通の文章で、むしろわかりやすく書いていけば十分である。法律的な観点からの監修は、リーガル・チェックとして弁護士に依頼するため、ドラフティングの段階では合意事項の内容をわかりやすく記述することが肝要である。

　なお、リーガル・チェックを依頼する際には、取引の経緯がよくわかる資料も弁護士に提供することが必要である。

(2) 契約書の主な記載事項

　契約書の具体的な内容は、雛形と実例のとおりである。案件ごとに項目の追加や削除はあるが、主な記載事項は基本的には図表9-3のとおりとなっている。

① 個別の合意事項

　譲渡日、譲渡額と支払方法に、買い手の義務という意味合いで定形事項に分類している役員退職慰労金の支払の3点が、売買当事者の双方の合意事項である。

　株式評価書や合意に至る折衝過程を記録した記録が、これらの項目が合意に至る根拠となる。

② 定形の記載事項

　主な定形の記載事項となっているが、資料9-3の合併契約書の法定の絶対的な記載事項ではなく、あくまでも未上場株式の売買取引に関わる当事者間の合意による任意に記載事項である。したがって、極端に言えば、これらの項目の記載がなくても、上記①の個別の合意事項が充足されていれば、株式譲渡取引は成立することになる。

　内容としては、売り手が事業を買い手に事業を引き継ぐことに関する保証と買い手側の約束事、そして双方が守るべきこと、万一訴訟になった際の取り決めを記載している。

4 M&A契約の雛形

株式譲渡、事業譲渡、合併の契約の標準的な雛形は資料9-1～3の通りとなっている。

(1) 株式譲渡契約書（資料9-1）

本書で繰り返し述べてきたが、未上場企業のM&Aのほとんどは、株式譲渡の形態で行われる。資料9-3の合併契約書ほど記載事項の範囲や内容は規定されてはいないが、逆に個々の取引実態に合わせて作成することが肝要である。

とくに、株式の取得により対象会社の法人格や事業をそのまま引き継ぐことになるので、株式譲渡人と旧経営者からの保証や担保責任は必ず明記しておくことが必要である。

① **譲渡価格（第2条）**

株式譲渡契約の基本であり、別途株価評価書等により株価の算定根拠を明確にする。

② **資産、財務内容の保証（第3条）**

粉飾のリスク、簿外負債のリスクに注意するのはもちろんであるが、売り手は最終の財務諸表が会計原則に従って適法かつ適正に作成されていること、また最終の財務諸表から通常の取引以外の変動がないこと、等を保証する。

③ **株式譲渡人（売り手）の担保責任（第4条）**

上記の保証内容が相違し、株式の譲受人（買い手）が損害を被った場合には、売り手がその損害を賠償することや、株式譲渡価格の変更に応じるという旨の担保責任を定めておく。

資料9-1

株式譲渡契約書(例)

甲と乙は株式会社○(以下「丙」という)の株式譲渡に関し合意したので、以下の通り契約(以下「本契約」という)を締結する。

第1条(譲渡日及び株券の交付)
　　　甲は、本規約の規定に従い、平成○年○月○日又は、甲と乙が別途合意する日(以下「譲渡日」という)をもって、別紙1記載の丙の発行する議決権付普通株式○株(以下本件株式という)を乙に譲渡し、乙はこれを譲り受けるものとする(以下「本件譲渡」という)。
　2　前項に定める本件株式の譲渡は、譲渡日において、甲が、乙に対し、本件株式を表章する株券(以下「本件株券」という)を引渡す方法により行われるものとする。

第2条(譲渡価額及び支払方法)
　1　丙の1株当たりの価額は金○○円とする。
　2　乙は、甲に対し、譲渡日において、本件株式の譲渡の対価として金○円(以下「本件譲渡価額」という)を本件株券と引換えに銀行振出小切手で支払うものとする。

第3条(保証及び瑕疵担保責任)
　　　甲は、本契約締結日及び譲渡日において、乙に対し下記の事項を表明し保証する。
　①　本件株式の譲渡に関し、丙の取締役会の承認等、乙に本件株式を譲渡するについて必要な手続がすべて完了していること。
　②　別紙に記載の丙の貸借対照表及び損益計算書が、日本における公正な企業会計原則に従って作成されており、かつ○年○月○日現在の各対象会社の財産及び損益の状況を公正、かつ、正確に表示していること、また財務諸表に明示されていない債務、保証その他の負担は一切存しないこと。
　③　乙は、本契約の締結日及び譲渡日において、甲に対し下記の事項を表明し保証する。
　　(1)乙は、本契約の締結及びその履行は、乙の目的の範囲内の行為であり、乙が本契約の締結及びその履行につき、取締役会の決議を含む、法令上及び社内規則上必要とされる一切の手続を履践していること。
　　(2)乙による本契約の締結及びその履行に関し、本契約で別途定める場合を除き、官公庁その他の第三者の許認可、承諾等が要求されることはなく、かつ、法令、規則、通達など若しくは乙の定款その他の社内規則、又は甲、乙、及び丙が拘束される第三者との契約に違反するものでないこと。

第4条(損失補償)
　　　甲、及び丙は、自己について前条に定める表明及び保証違反が存した場合、それによって相手方当事者がこうむった損害、損失、費用などを合理的範囲内で相手に賠償又は補償するものとする。

第5条(取締役会の承認)
　　　甲は、譲渡日までに、本件譲渡につき、丙の取締役会の承認を取得するものとする。
　2　本件譲渡は、前項に定める取締役会の承認を得ることを条件とする。

第6条(役員退職慰労金)
第7条(従業員の承継)
第8条(守秘義務)
第9条(準拠法)
第10条(管轄裁判所)
第11条(協議事項)

④ 従業員の引継（第7条）

買い手は株式取得により、法人格はそのまま引き継ぐことになるので、雇用契約や労働協約はそのまま引き継がれることになる。個々のケースで記載内容は異なる。契約書実例の資料9-6第7条で、記載内容の一つを例示する。

(2) 事業譲渡契約書（資料9-2）

事業譲渡は、株式譲渡と同様に活用されるM&Aの形態であるが、基本的に株式譲渡と次の2点が大きく異なっている。

　ⅰ　契約の当事者が、株主ではなく企業であり、M&Aの対価は売り手企業に支払われる。

　ⅱ　取引が個々の資産の売買と負債の継承で構成されており、売り手企業の法人格は引き継がないので簿外債務のリスクがない。

① 譲渡の対象（第2条）

譲渡の対象は、事業を継続するための、有形資産や無形資産が対象となる。対象となる品目が多く、契約書上にすべてを網羅的に記載するのは難しいので、通常は明細表等を作成し、添付資料とする。

とくに、固定資産や商品在庫等は、後述の譲渡日を基準に売買を行い、自動車車両のように移転手続きを必要とする資産もあるので、明細表に具体的に記載しておく必要がある。

② 譲渡価額（第3条）

有形資産のうち、不動産等の時価のある資産は時価での売買が原則であり、その他の資産については簿価を基準に個別に評価して価格を決めることになる。営業権等の無形資産の価格を決めるには、第三者の評価や査定を得ておくことが必要となる（第8章参照）。

③ 財産の移転手続き（第5条、第6条）

事業譲渡では、個別の資産の売買により事業の実体を譲渡するので、

資料9-2

事業譲渡契約書(例)

A株式会社(以下「甲」という)及びB株式会社(以下「乙」という)は、甲の事業の譲渡につき、次の通り契約を締結する。

第1条(目的)
甲は、甲の営業の全部(以下「本営業」という)を乙に譲渡し、乙はこれを譲り受ける。

第2条(譲渡財産)
前条により譲渡すべき財産(以下「譲渡財産」という)は、譲渡日現在における甲の本事業に関する財産の一切とし、その詳細ついては、本契約締結後甲乙協議のうえ、これを決定する。

第3条(譲渡価額及び支払方法)
甲が乙に譲渡する本事業の対価は、譲渡財産の譲渡日現在における簿価及び鑑定評価等を基準とし、別途協議のうえ、これを確定する。
2 前項の対価の支払方法、支払の時期等については甲乙協議のうえ、これを決定する。

第4条(譲渡日)
甲は、平成〇年〇月〇日(以下「譲渡日」という)をもって、本事業を乙に譲渡し、乙はこれを譲り受けるものとする。ただし、手続上の事由その他必要があるときは、甲乙協議のうえ、譲渡日を変更することができる。

第5条(引渡時期)
譲渡財産の引渡時期は譲渡日とする。ただし、手続上の事由により必要あるときは、甲乙協議のうえ、引渡時期を変更することができる。

第6条(譲渡手続等)
譲渡財産の移転に関する登記、通知、承諾の取得等の手続については、乙が甲の協力を得て、譲渡日以降延滞なくこれを行う。
2 前項の手続に要する登録免許税その他一切の費用は、乙の負担とする。

第7条(公租公課等の負担)
譲渡財産にかかる公租公課、保険料とは、日割計算により、譲渡日の前日までの分甲が、譲渡以後は乙が、負担するものとする。

第8条(株主総会の承認)
甲及び乙は、平成〇年〇月〇日までに」、それぞれ株主総会を開催し、本契約の締結及びその履行につき、株主総会の承認を得るものとする。

第9条(従業員の引継)

第10条(譲渡の条件)

第11条(事情変更)

第12条(協議条項)

第14条(準拠法)

第15条(管轄裁判所)

対象となる資産ごとに移転手続きや引き渡しが必要となる。不動産については、対抗要件として所有権移転手続きが必要となる。また、これらの移転や引き渡しにかかる費用の負担も決めておく必要である。

④ 各種調整（第7条）

譲渡日を基準に、事業実体を譲渡するが、譲渡日にすべて決済ができない項目もあり、内容が確定し次第調整する必要がある。諸費用のうち、光熱費や通信費等の後払いの費用。売掛金や買掛金等は、請求書の受け取り発送により確定した時点で調整が必要である。

⑤ 従業員の引継ぎ（第9条）

事業譲渡の場合は、買い手は法人格をそのまま引き継がないが、通常は雇用契約や労働協約はそのまま引き継ぐことがほとんどである。案件ごとに記載する内容は異なるが、実例の資料9-7で、記載内容の一つを例示している。

(3) 合併契約書雛形（資料9-3）

合併は2つ以上の会社が契約で1つの会社に統合されることで、友好的なM＆Aや救済的なM＆Aに用いられる手法となっている。M＆Aの形態のなかで、最も古典的な手法で、手続きや契約内容についても整備されている。

未上場企業の場合、合併は、子会社を一体化するための手法として活用されることがほとんどであり、第三者間同士のM＆Aでは、まず使われることはない。

いったん、買い手が株式取得で売り手を子会社化し、ある程度期間が経った後に、元の買い手である親会社が、元の売り手である子会社を吸収合併することはよくある。

合併の場合は、合併契約書を作成し株主総会での承認が義務づけられており、契約の内容や記載事項に関しても、会社法に細かく規定されて

資料9-3　　　　　　　　合併契約書（例）

株式会社A（以下「甲」という）と株式会社B（以下「乙」という）とは、合併に関し、次のとおり契約を締結する。

第1条（合併の方法）
　甲及び乙は、対等の立場で合併する。ただし、法手続上、甲は存続し乙は解散する。

第2条（合併による定款の変更）

第3条（合併に際して発行する株式及びその割当て）
　1　甲は、合併に際して、普通株式〇株を発行する。
　2　甲は、前項により発行する株式を、合併期日前日の最終の乙の株主名簿（実質株主名簿を含む。以下同じ）に記載された株主に対し、その所有する乙の株式1株につき、甲の株式0.5株に割合によって割当交付する。

第4条（増加すべき資本金及び準備金等）
　1　甲が合併により増加すべき資本金は、〇円とする。ただし、合併期日における乙の資産及び負債の状況等により、甲乙協議の上、これを変更することができる。
　2　甲は、合併により、合併期日に乙から承継する正味財産の額が、増加する資本金の額を超える場合は、資本準備金からなる額を資本準備金、利益準備金からなる額を利益準備金とし、なお残額がある場合は、任意積立金その他の留保金とする。但し、合併期日における乙の資産及び負債の状況等により、甲乙協議の上、これを変更することができる。

第5条（合併承認総会）
　甲及び乙は、平成〇年〇月〇日にそれぞれ定時株主総会を招集し、この契約書の承認及び合併に必要な事項に関する決議を求めるものとする。但し、合併手続の進行に応じ必要ある時は、甲乙協議の上、これを変更することができる。

第6条（合併期日）
　合併期日は、平成〇年〇月〇日とする。但し、合併手続きの進行に応じ必要ある時は、甲乙協議の上これを変更することができる。

第7条（合併交付金）
第8条（財産および権利義務の引継）
第9条（善管注意義務）
第10条（従業員の引継）
第11条（合併に際し就任する取締役）
第12条（合併前に承認した甲の監査役の任期）
第13条（退職慰労金）
第14条（解散費用）
第15条（合併条件の変更及び合併契約の解除）
第16条（合併契約の効力）
第17条（本契約に定めのない事項）

いる。

　M＆Aで活用される吸収合併の場合、合併契約書に記載すべき事項（必要的記載事項）には、絶対的記載事項と相対的記載事項がある。

① 絶対的記載事項

　合併契約書に必ず記載すべき事項で、記載しないと合併契約の効力が発生しない事項となっている。合併契約書（例）中の第3条〜第6条がこれに該当する。

　　ⅰ 存続会社が合併に際して発行する新株の総数、種類および数、並びに合併により消滅する会社の株主に対する新株の割当に関する事項
　　ⅱ 存続会社の増加すべき資本の額、および準備金に関する事項
　　ⅲ 各会社における合併契約書承認総会の期日
　　ⅳ 合併をなすべき期日──合併期日

② 相対的記載事項

　記載しなくても契約は無効にならないが、記載しないと特定の事項に効力が生じないとか、会社法の原則がそのまま適用されてしまう事項である。

　　ⅰ 存続会社が定款を変更する場合は、その規定
　　ⅱ 存続会社が新株の発行に代えて、その保有する自己株式を消滅会社の株主に移転する場合は、その株式の総数、種類および数
　　ⅲ 消滅会社の株主に支払う合併交付金を定めたときはその規定
　　ⅳ 各会社が合併の日までに利益配当または中間配当を行うときはその限度額
　　ⅴ 存続会社について、合併に際して就職すべき取締役、監査役の規定
　　ⅵ 消滅会社の株券の全部または一部を提出手続きをとるときは、その旨
　　ⅶ 合併前に就職した存続会社の取締役および監査役の任期について

別段の定めを行う場合はその規定
③ **任意的記載事項**
　必要的記載事項のほか、合併の本質や関連法の規定に反しないかぎり、当事者の会社が任意に記載できる事項である。
　主に次のような事項がある。
　ⅰ 消滅会社の取締役および監査役の退職慰労金、役員賞与に関する事項
　ⅱ 消滅会社の従業員の引継に関する事項
　ⅲ 解散費用に関する事項

5 基本合意書（または覚書）の実例

（1）基本合意書（または覚書）の狙い等

　Ｍ＆Ａについて基本的な合意ができれば、双方の意思確認のために基本合意書ないしは覚書を締結する。基本合意書や覚書には、Ｍ＆Ａに関する双方の意思を確認したうえで、次に買収調査を実施する等、手続きを円滑進めることや、ある程度の法的拘束力を持たせて、当事者の一方が特段の理由もなく取引を破棄できないようにする狙いもある。
　基本合意書や覚書の例は、株式譲渡が資料9-4、事業譲渡が資料9-5のとおりであるが、内容的には、その時点までに合意した事項、これから協議する事項、Ｍ＆Ａの取引に関連する必要手続きや届出などを盛り込む。
　また、Ｍ＆Ａの折衝の過程では、両当事者の間で錯誤や思い違いも発生しやすいので、水かけ論的な無用のトラブルを防止するためにも、基本合意書、覚書にかぎらず、重要事項はその都度文書で確認することが

必要である。

(2) 基本合意書（または覚書）の記載内容

内容としては、次の3点を盛り込んで、売り手・買い手が相互に確認する。

 ⅰ 合意事項：すでに合意確認済の事項
 ⅱ 協議事項：今後条件交渉を要する事項
 ⅲ 必要手続き：法令上の必要手続きや届出等

条項は、できるだけ具体的に記述することと、必ず弁護士の監修を得ておくことが必要である。具体的な留意点は以下のとおり。

① 停止条件、解除条件

売り手・買い手候補の双方が、M＆Aの実行の意思が固く、契約の成立に法的拘束をもたせたい場合には、違約金の定めを停止条件ないし解除条件付きにする必要がある。

② 売買当事者

株式譲渡で、売り手側の全株主の委任状がそろっていない場合は、正式契約までに準備する旨の文言が必要である。

③ 売買価額

基本合意した価額に買収調査の結果で調整する項目を明記しておく。また、価額を決められない場合は、算定方式をできるだけ詳細に取り決めておく。

④ 買収調査

開始日とおおよその所要期間を記載する。

⑤ 従業員、取引先の引継

⑥ 取締役会決議の取得

株式譲渡で売り手側に株式の譲渡制限がある場合には必ず必要である。

資料9-4 株式譲渡覚書（実例）

株式譲渡覚書

○○（以下「甲」という。）とＸＸ株式会社（以下「乙」という。）は、乙が△△株式会社（以下「丙」という。）の全株式を譲り受けることに関し、以下のとおり合意に達したので、ここに覚書（以下「本覚書」という。）を締結する。

第１条（目的）
甲乙は、甲が、乙に対し、丙の発行済み株式の全て（以下「対象株式」という。）を譲渡し、乙は甲及び丙のその他の株主からこれを譲り受ける（以下「本件株式譲渡」という。）ことを目的として、本覚書を作成する。

第２条（譲渡価額）
対象株式の譲渡価額は、本覚書締結時点の株式評価額として甲の主張する○○○円を基準として、第４条に規定する調査結果等を考慮の上、一般に妥当と認められている方式で決定するものとする。

第３条（最終契約の締結）
甲及び乙は、本覚書に規定されたすべての事項が実施・確認され、本件株式譲渡に関する諸条件につき合意した後は、遅滞なく本覚書と同様の趣旨を骨子とした株式譲渡に関する最終契約書（以下「最終契約書」という。）を締結するものとする。

第４条（調査）
乙は、丙の事業及び財務内容の実在性・妥当性を検証するために、本覚書締結後１ヶ月以内に、乙または乙の指定する監査人（公認会計士・弁護士等を含む）による丙の調査（実地調査、会計帳簿その他の書類の閲覧、調査を含む。以下「本件調査」という。）を実施する。なお、本件調査に関する費用は乙が負担する。

第５条（善管注意義務）
甲は、丙をして、本覚書に別段の定めのある場合を除き、本件株式譲渡が実行されるまで、善良なる管理者の注意をもって丙の業務を運営させるものとし、丙において丙の資産・財務内容に重大な変更を生じせしめる行為を行わせてはならないものとする。

第６条（従業員等の処遇）
乙は、本件株式譲渡後、特段の事由がない限り、丙が本件株式譲渡時点において雇用している従業員の雇用を維持するとともに、本件株式譲渡時点の労働条件を実質的に下回らないことを保証する。

第７条（有効期限）
本覚書は、本覚書締結日から起算して２ヶ月（以下「本件有効期間」という。）以内に最終契約書が締結されなかったときは失効する。

第９条（誠意義務）
（１）甲乙は、最終契約書の締結に向けて誠意を持って努力するものとする。
（２）本覚書に定めのない事項及び本覚書の各条項に疑義が生じたときは、甲及び乙は、誠意をもって協議の上解決するものとする。

資料9−5 事業譲渡覚書（実例）

事業の譲渡に関する覚書

株式会社○○（以下甲という）とＸＸ株式会社（以下乙という）は、甲の事業の一部である……の販売・物流・サービスに属する事業（以下本件事業という）を、甲が乙に譲渡（以下本件譲渡という）することについて以下の通り合意したので、ここに覚書（以下本覚書という）を締結する。

第１条（譲渡日）
　本件譲渡日を平成ＸＸ年Ｘ月Ｘ日とする。

第２条（取引の概要）
　甲は、乙に対し本件事業の継続に必要とする物流システムを含む無形資産及び有形の資産を乙に譲渡する。

第３条（本件譲渡の対価及び支払方法）
　前項の対価、及び支払方法、支払の時期等については甲乙協議のうえ、これを決定する。

第４条（最終契約の締結）
　甲及び乙は、本件譲渡に関する諸条件につき合意した後は、遅滞なく本覚書と同様の趣旨を骨子とした事業譲渡に関する具体的内容を定めた最終契約書（以下「最終契約書」という。）を締結するものとする。

第５条（従業員の取り扱い）
　甲の正規雇用社員の雇用と非正規雇用社員の契約は、乙が継続するものとする。

第６条（賃貸契約）
　現在甲が賃借契約している物件については、譲渡日をもって賃借人を乙に変更とし、変更に伴う諸費用は甲の負担とする。

第７条（債権・債務の継承）
　譲渡日以前の本件事業に関する債権・債務を乙は継承については別途協議する。

第８条（公租公課、諸費用の負担）
　本件事業に掛かる公租公課、光熱費、その他甲が前払いした費用で乙が負担すべきもの、及び乙が本件譲渡日以降に支払うもので、甲が負担すべき費用については別途精算のこととする。

第９条（秘密保持）
　1　本件譲渡に関する一切の情報は秘密とし、甲及び乙は相手方の承諾無しこれを第三者に開示してはならない。
　2　甲及び乙は、本件譲渡の正式契約締結のために、交渉の過程で知り得た相手方の事業上の秘密を、相手方の承諾なしに第三者に開示し、自己の利益を図るために利用してはならない。

以上を確認するために本書２通を作成し、甲及び乙は記名押印の上各１通を保有する。

⑦ **買収後の役員の処遇**

退任する役員の氏名を記載する。

⑧ **訴訟、係争**

売り手側にこの種のことがない旨を保証する。

⑨ **その他必要事項**

6 本契約書の実例

M＆Aの代表的な形態である、株式譲渡と事業譲渡の実際の契約書例でのポイントは以下のとおりである。

（1）株式譲渡契約書（実例）（資料9-6）

① M＆Aの背景

後継者のいないA社が、同業のB社に、株式譲渡で会社を売却したもの。

② ポイント

株式譲渡の本契約でのポイントは次のとおりである。

○ **譲渡価格（第2条）**

株式譲渡契約の基本であり、別途株価評価書等により株価の算定根拠を明確にする。

○ **資産、財務内容の保証、瑕疵担保責任（第3条）**

粉飾のリスク、簿外負債のリスクに注意するのはもちろんであるが、最終の財務諸表が会計原則に従って適法かつ適正に作成されていること、また最終の財務諸表から通常の取引以外の変動がないこと、等を保証することになる。

○ 株式譲渡人の賠償責任（第4条）

上記の保証内容が相違し、株式の譲受人（買い手）が損害を被った場合には、売り手がその損害を賠償するという旨の損害賠償を定めておく。

○ 役員退職慰労金及び顧問契約（第6条）

ⅰ 役員退職慰労金

株式譲渡で会社を売却した後、売り手側の経営者と役員は退任して、買い手側から新しい経営者を派遣するのが通常である。退任した売り手側の経営者や役員は、通常は規定に準じて退職慰労金を受け取れるので、株主総会の手続きや支払時期について記載をする。

ⅱ 顧問契約

M&A後に、買い手の要請で、売り手経営者が顧問等の肩書きで会社に残ることは珍しくない。期間は1～2年程度が通常で、目的としては、買い手側が外部に対して友好的なM&Aであったことを示したいことと、この期間の間に外部の引き継ぎを完了させることにある。

○ 従業員の引継（第7条）

従業員の引継に関して、ごく標準的な内容となっている。

(2)事業譲渡契約書（実例）（資料9-7）

① M&Aの背景

後継者のいないA社は、雑貨の卸売りと小売事業を営んでいたが、身軽になるために、不土讃賃貸事業を残して、卸売り事業を同業のB社に事業譲渡したもの。

② ポイント

事業譲渡契約の本契約でのポイントは次のとおりである。

○ 譲渡資産（第1条）

譲渡の対象となる財産は、事業を継続するための、有形資産や無形資

産が対象となる。対象が多く、契約書上にすべて記載するのは無理なので、通常目録等を作成し、添付資料とする。

とくに、固定資産や商品在庫等は、後述の譲渡日を基準に売買を行い、自動車両のように移転手続きを必要とする資産もあるので、目録や明細表に具体的に記載しておく必要がある。

○ 譲渡価額と支払方法（第2条、第3条）

有形資産の、不動産等の時価のある資産は時価での売買が原則であり、その他の資産の価格については簿価を基準に個別に評価して決める。営業権等の無形資産の価格を決めるのには、第三者の評価や査定を得ておくことが必要である。

また、支払については、本契約時に登記が完了していない財産もあるので、時期、方法については協議する。

○ 従業員の引継（第5条）

A社は、正社員、派遣社員、パート社員を雇用しているので、正規社員と非正規社員とに区分して、従業員の引継に関して記載している。

○ 財産や事業所の移転手続き（第6条、第7条）

事業譲渡では、個別の資産の売買により事業の実体を譲渡するので、対象となる資産ごとに移転手続きや引き渡しが必要となる。また、これらの移転や引き渡しに掛かる費用の負担も決めておく必要がある。

○ 債権・債務の継承（第8条）

事業譲渡の場合、買い手側は内容を精査して、売り手側の債権債務を継承することもあるが、本事例では、譲渡日前の債権債務は、売り手側ですべて処理することになっている。

○ 事業の運営（第11条）

本契約日から譲渡日まで時日を要する場合には、売り手の義務と責任を明確にするために、この条項と同様の内容が記載されるのが通常である。

○ 独占禁止法上の届け出（第14条）

買い手B社が、売上規模で独占禁止法に規定している大企業に該当したため、届け出が必要となったものである。

○ **競業避止義務**（第15条）

事業譲渡の場合、買い手の利益を保護するために、売り手に同様の事業を一定期間行うことを禁止するもので、事業譲渡契約書には、グループ内の再編等の特別なケース以外は必ず明記する。

○ **公租公課の負担**（第16条）

譲渡日を基準に、事業実体を譲渡するが、譲渡日にすべて決済ができない項目もあり、内容が確定し次第調整する必要がある。諸費用のうち、光熱費や通信費等の後払いの費用がこれに該当する。

図表9-6 株式譲渡契約書（実例）

株式譲株渡契約書

○○（以下「甲」という）とＸＸ（以下「乙」という）は、Ａ株式会社（以下「丙」という）と、株式会社Ｂ（以下「丁」という）の株式譲渡に関し合意したので、以下の通り契約（以下「本契約」という）を締結する。

第１条（譲渡日） 甲及び乙は、共同して本規約の規定に従い、平成ＸＸ年○月○日（以下「譲渡日」という）別紙１記載の丁の発行する譲渡制限付普通株式ＸＸ株（以下「本件株式」という）を丙に売却し、丙はこれを買い受けるものとする（以下「本件譲渡」という）。

2　本件株式の甲及び乙の保有株式数は、別紙の株主名簿の通りであり、甲がＸＸ株、　乙がＸＸ株であることを、甲、乙及び丙は確認する。

第２条（譲渡価額及び支払方法） 丁の１株当たりの取引価額は金○○円Ｘ銭とする。株価の算定は、別紙２記載の丁の平成ＸＸ年Ｘ月Ｘ日付けの貸借対照表及び損益計算書に基づく。

2　丙は、甲及び乙に対し、譲渡日において、「本件株式」ＸＸ株の売買代金として総額○○万円（以下「本件譲渡価額」という）を支払うものとする。

3　前項に定める支払は、株式会社Ｘ銀行Ｘ支店に開設される甲の銀行口座（名義人：甲、種類：普通、口座番号：ＸＸ）に対する振込送金によってなされるものとする。

第３条（保証及び瑕疵担保責任） 甲は及び乙は、本契約の締結日及び譲渡日において、丙に対し下記の事項を表明し保証する。
(1) 本契約は、その締結により、適法、有効に拘束力を有し、その条項に従い執行可能な甲及び乙の義務を構成すること。
(2) 甲及び乙による本契約の締結及びその履行に関し、官公庁その他の第三者の許認可、承諾などが要求されることはなく、かつ、法令、規則、通達、又は甲及び乙若しくは丁が拘束される第三者との契約に違反するものでないこと。
(3) 譲渡日現在、本件株式の株券は、発行されていないこと。
(4) 甲及び乙は、本件株式の全部についての完全な権利者であり、丁の株主名簿に記載される株主であること。
(5) 本件株式に譲渡担保権、質権などの担保権は設定されておらず、その他何らの負担も存在しないこと。
(6) 本件株式の譲渡に関し、丁の取締役会の承認等、丙に本件株式を譲渡するについて必要な手続がすべて完了していること。
(7) 別紙２記載の丁の貸借対照表及び損益計算書が、日本における公正な企業会計原則に従って作成されており、かつ平成ＸＸ年Ｘ月Ｘ日現在の丁の財産及び損益の状況を公正、かつ、正確に表示していること、また財務諸表に明示されていない債務、保証その他の負担は一切存在しないこと。

2　丙は、本契約の締結日及び譲渡日において、甲及び乙に対し下記の事項を表明し保証する。
(1) 丙は、本契約の締結及びその履行は、丙の目的の範囲内の行為であり、丙が本契約の締結及びその履行につき、取締役会の決議を含む、法令上及び社内規則上必要とされる一切の手続を履践していること。
(2) 本契約は、その締結により、適法、有効に拘束力を有し、その条項に従い、執行可能な丙の業務を構成すること。
(3) 丙による本契約の締結及びその履行に関し、官公庁その他の第三者の許認可、承諾等が要求されることはなく、かつ、法令、規則、通達など若しくは丙の定款その他の社内規則、又は丙が拘束される第三者との契約に違反するものでないこと。

第４条（損害賠償） 甲、乙、及び丁は、自己について前条に定める表明及び保証違反が存した場合、それと相当の因果関係のある相手方当事者がこうむった損害、損失、費用などを合理的範囲内で相手方に賠償するものとする。

第５条（取締役会の承認） 甲及び乙は、譲渡日までに、本件譲渡につき、丁の取締役会の承認を取得するものとする。
2　本件譲渡は、前項に定める取締役会の承認を得ることを条件とする。

第６条（役員退職慰労金及び顧問契約） 丙は、本件譲渡後、すみやかに丁の株主総会を開催し、甲に対する金ＸＸ万円及び、乙に対する金ＸＸ万円の役員退職金支払の承認決議を行うものとする。
2　丙は、前項に定める役員退職金の支払が平成ＸＸ年○月○日までに履行されることを保証する。
3　丙は、本件譲渡後は、甲と別途顧問契約を締結し甲を丁の顧問として採用する。
4　前項に従い、甲は丁の顧問に就任し、同社の業務発展に寄与することを約する。

第７条（従業員の承継） 丙は、丁の唯一の株主として、本件譲渡後も、譲渡時点での丁の従業員と従業員の地位を引き続き継承するものとする。

第８条（守秘義務） 甲、乙及び丙は、丁に関し、本契約の交渉過程、買収監査の過程、及び本契約の履行を通して相手方より開示された情報、本契約の存在及び内容を、本契約書締結後２年間は、公認会計士、弁護士、税理士、司法書士以外の第三者に対して開示してはならない。
ただし、(1) 相手方の事前の書面による承諾がある場合、(2) 本契約締結前にすでに公知となっていた情報又は締結後自らの責めによらず公知となった情報、及び(3) 開示を受ける前にすでに自ら所有していたか又は正当な権限を有する第三者から入手していた情報についてはこの限りではない。

第９条 本契約は、日本法に準拠するものとし、これに従って解釈されるものとする。

第10条（管轄） 本契約に関するあらゆる紛争については、○○地方裁判所を専属的合意管轄裁判所とするものとする。

第11条（協議事項） 本契約に定めのない事項については、本契約の趣旨に従い、甲、乙、及び丙は誠実に協議のうえ、これを決する。

以上本契約の証として、本契約書３通を作成し、甲、乙、丙記名捺印のうえ各１通を保有する。

第9章 顧客との契約と契約書類の作成——ドラフティングのポイント

資料9-7 事業譲渡契約書（実例）

事業譲株渡契約書

　株式会社○○（以下「甲」という）と株式会社○○（以下「乙」という）は、甲の事業の一部であるＸＸグループへの販売・物流・サービスに属する事業（以下「本件事業」という）を、甲が乙に譲渡（以下「本件譲渡」という）することについて以下の通り合意したので、ここに事業譲渡契約（以下「本契約」という）を締結する。

第1条(譲渡資産)　甲は、乙に対し本件事業の継続に必要とする物流システムを含む無形固定資産（以下「無形資産」という）及び別紙目録記載の有形固定資産（以下「有形資産」という）を、第3条に定める本件事業譲渡日（以下「譲渡日」という）に譲渡する。
第2条(本件譲渡の対価)　本件譲渡の対価は、○億円とする。なお、対価に掛かる消費税は乙の負担とする。
　2　本件譲渡に掛かる手続、移転、賃貸物件の現状復帰等の諸費用は甲の負担とする。
第3条(対価の支払方法)　第2条の本件譲渡対価の内、○万円は本契約締結時に支払うものとする。
　2　残額の○万円については甲への支払を留保し、平成ＸＸ年2月1日に、甲事業が乙に移転され、従前通り稼働されていることが甲乙双方で確認できれば、○月○日に乙は甲に対し残額の○万円を支払うものとする。
第4条(譲渡日)　本件譲渡日を平成ＸＸ年○月○日とする。
第5条(従業員の取り扱い)　本件事業の継続に必要とする、組織及び人員の体制は　、現行維持を原則とする。
　2　本件事業に従事する、正規雇用の従業員の役職及び賃金体系は、譲渡日まで平成ＸＸ年○月○日に合意した覚書の時点と同様とし変更を加えない。
　3　非正規雇用の従業員は、甲乙協力して従業員本人から同意を得て、本件譲渡後ただちに甲と同一条件にて雇用契約者を甲から乙に変更する。
第6条(事業譲渡の手続等)　甲は別紙の譲渡スケジュールに従い、乙への事業の移転手続を進め、乙はこれに協力するものとする。
　2　本契約に別途の定めがある場合を除き、甲が締結している本件事業の運営に掛かる運送契約、保険、資材、消耗品、清掃、防火、警備、電話回線等の契約の承継については甲乙の間で協議し、譲渡日以降に乙が承継しない場合には、書面にてその旨を甲に通知し、甲が契約解除の手続きをとるものとする。
　3　前2項の契約書類関係の写しについては、甲から乙に交付済みであるが、乙の求めがあれば、その他関連書類を甲は交付するものとする。
第7条(事業所の取り扱い)　現在、甲が賃借契約している○○物流センターは、第4条の譲渡日をもって賃借人を乙に変更する。
　2　甲が賃借するＸＸ営業所は、第4条の譲渡日の前日をもって閉鎖とし、乙の○市の○営業所に統合する。ただし、ＸＸ営業所の閉鎖に伴う諸費用は甲の負担とする。
第8条(債権・債務の継承)　甲の譲渡日以前の本件事業に関する一切の債権・債務を乙は継承しない。
第9条(在庫の取り扱い)　甲が譲渡日前日有する本件事業に関する在庫は、甲は乙が立ち会いの元に棚卸しを実施し、棚卸金額を確定して各メーカーに返品処理をする。乙は、返品された棚卸し済みの商品を、原則的に各メーカーから購入するものとする。
第10条(リース契約)　乙は、本件事業譲渡とともに、甲から別紙リース契約目録記載のリース契約を承継するものとする。
第11条(事業の運営)　甲は、本契約締結後本件事業譲渡が完了するまでの間、本件事業を善良な管理者の注意をもって維持管理する。
　2　本契約に特段の定めがある場合を除き、乙の書面による事前の承諾なく、本件事業の全部または一部について、第三者に対する譲渡等の処分、担保権の設定その他現状を変更する等の一切の行為を行ってはならないものとする。
第12条(秘密保持)　甲及び乙は、法律上必要のある場合または別途合意をした場合を除き、本契約締結後1年間、相手方当事者またはその代理人から受領した本件事業に関する全ての情報ならびに本契約の内容及び交渉経過等を秘密情報として取り扱うものとする。但し、各当事者は、当該秘密情報を弁護士、公認会計士、税理士、司法書士、アドバイザーその他専門家に対してのみ必要最小限の情報を開示できるものとし、この場合において当該秘密情報を開示する当事者は、開示を受ける相手に対して、本条と同様の守秘義務を課さなければならないものとする。
　2　本条に基づく義務は、以下の場合には適用しないものとする。
　　① 開示の時にすでに公知であった情報及びその後当事者の責めによらず公知となった情報
　　② 守秘義務を負担することなく第三者から得た情報
　　③ 相手方当事者から開示される以前に当該当事者が既に知っていた情報
第13条(取締役会の承認及び株主総会の議決)　甲、乙は本契約の締結までに、本契約の締結及び履行について取締役会の承認と株主総会での議決を得ているものとする。
第14条(独占禁止法上の届け出)　乙は、私的独占の禁止及び公正取引の確保に関する法律（昭和22年法律第54号、以下「独占禁止法」という）第16条第2項第2号に基づく公正取引委員会への届出が行われたこと、私的独占の禁止及び公正取引の確保に関する法律（昭和22年法律第54号、以下「独占禁止法」という）第16条第2項第2号に基づく公正取引委員会への届け出を、届け出期限の平成ＸＸ年○月○日までに行い、甲はこれに協力する。
第15条(競業避止義務)　甲は、譲渡日後○○年間、直接又は間接を問わず、本件事業と同一の事業を行ってはならないものとする。
第16条(公租公課の負担)　本件事業にかかる上下水道料金、電気料金、電話料金は、宛名の名義の如何にかかわらず、譲渡日をもって日割計算で按分し、譲渡日の前日までの分は甲の負担とし、譲渡日以降の分は乙の負担とし、その精算方法は別途協議する。
第17条(管轄)　甲及び乙は、本契約書に関する一切の紛争について、○○地方裁判所を第一審の専属管轄裁判所とすることに合意する。
第18条(協議条項)　本契約に定めのない事項については、本契約の趣旨に従い、甲及び乙協議のうえ解決するもとする。

　以上を確認するために本書2通を作成し、甲及び乙は記名押印の上各1通を保有する

〈著者略歴〉

湊　雄二（みなと・ゆうじ）

　大阪大学経済学部卒業。住友銀行に入行、在職中は情報開発部次長を勤め、国内M＆Aの草分け的存在として数多くの国内M＆Aを成約、ロンドン支店長代理を始め海外勤務11年のほか外国為替業務10年を経験し、国際金融、海外投資業務、外国為替業務にも精通。00年ネットM＆Aコンサルティングファームを設立、M＆Aのほか、03年から8年間大阪府の元気出せ大阪ファンド、再生支援部主任として数多くの企業再生に携わる。M＆Aの成約約100件、企業再生約50件の実績を有する。

　著書：「M＆A相談業務入門」「CFO養成講座テキスト4」「事業承継アドバイザー講座」（共著、銀行研修社）「M＆Aの戦略と法務」「攻めのM＆A戦略ガイド」（共著、日本経済新聞出版社）「中小企業ための会社の売り方」「M＆A成長戦略の教科書」（日本経済新聞出版社）他専門誌にも執筆多数。

　Ｅメール：net-ma-firm@kdp.biglobe.ne.jp

地銀・信金のためのM＆Aによる顧客開拓　〈検印省略〉

平成27年1月23日　初版発行
　1刷　平成27年1月23日

著　者	湊　　雄　二	
発行者	星　野　広　友	
発行所	株式会社 銀行研修社	

東京都豊島区北大塚3丁目10番5号
電話　東京 03 (3949) 4101　（代表）
振替　00120-4-8604番
郵便番号　〒170-8640

印刷／神谷印刷株式会社
製本／山田製本紙工所
落丁・乱丁本はおとりかえ致します。　ISBN978-4-7657-4490-4 C2033
2015 ©湊雄二　Printed in Japan　無断複写複製を禁じます。
★ 定価はカバーに表示してあります。

謹告　本書掲載記事の全部または一部の複写、複製、転記載および磁気または光記録媒体への入力等は法律で禁じられています。これらの許諾については弊社・秘書室（TEL 03-3949-4150直通）までご照会下さい。